Pattern Language Books
パターン・ランゲージ・ブックス

プレゼンテーション・パターン

創造を誘発する表現のヒント

井庭 崇
Iba Takashi
＋
井庭研究室
Iba Laboratory

慶應義塾大学出版会

プロローグ　はじまりの物語

今から三十年ほど前の話です。日本に住む小学生の男の子が、ひとつの映画に出会い、将来は映画制作の仕事に携わると心に決めました。当時劇場で公開されていた「スター・ウォーズ」（エピソードVI　ジェダイの帰還）を観たときから、映画の世界に憧れ、自分もその制作に関わりたいと考えるようになったのです。

映画というのは不思議な存在です。誰もがフィクションだと知っていながら、その展開に心を躍らせ、登場人物に感情移入し、スクリーンの奥にある世界に魅了されます。そして、見終わったあとには、世界の見え方までも変わってしまうことがあります。映画を通じて何かを学び、考え、発見するからです。

映画との衝撃的な出会いから約三十年後、その男の子（もう大人になったので正確には男の人）は、映画制作とはまったく違う道を歩んでいました。大学に勤め、研究を行い、教育に従事していたのです。講演や授業など人前で話すことが多く、論文や本などの文章も毎日のように書いていました。

そして、学生の発表や論文に対しての指導も日々の仕事の一環です。「情報がきちんと整理できていない」とか、「データをただ並べるのではなく、図にまとめ、ストーリーとして語らなければ、聴き手に理解してもらえない」というようなアドバイスをするのです。あるいは、プロジェクト・メンバーの募集ポスターについて、「どうやったらより魅力的になるか」を説いたりしていました。

そういうことを繰り返しているうちに、いつも同じようなアドバイスをしていることに気がつきました。学生は毎年入れ替わっていきますが、彼はいつも同じ場所で同じことを言い続けてきたのです。どうやら、多くの人が陥る問題には傾向があり、どうすればよくなるかというアドバイスにもパターンがあるようなのです。

しかし、そのパターンは、巷《ちまた》で言われているプレゼンテーションのテクニックよりもっと広い意味での「表現」の本質に関係しているようでした。その本質は、映画をつくることにも、小説や詩を書くことにも、絵を描くことにも、音楽をつくることにも、さらにはスポーツで試合に臨むということにも通じるものだと感じました。とはいえ、それはまだ曖昧でつかみどころのない感覚でしかなく、ことばにすることはできませんでした。

そこで彼は、彼の研究室の学生とともに、創造的なプレゼンテーションとはどのようなものか、そしてそれはどのようにつくることができるのかについて考え始めました。このとき、「プレゼンテーション」という言葉を、通常では考えられないほど広く捉えることにしました。プロジェクト・メンバーがこれまでに経験してきたダンスや演劇、演奏、新聞制作、スポーツの試合なども、広い意味でのプレゼンテーションに含めて考えることにしたのです。

そして、とにかく深く深く潜るような気持ちで自分たちの経験を見つめ直し、広義のプレゼンテーションにおける「大切なこと」を探りました。こうして掘り起こしたたくさんの「大切なこと」を体系化し、言語化することで、ついに創造的なプレゼンテーションの秘訣をまとめることができました。

そう、それが本書で取り上げる「プレゼンテーション・パターン」です。冒頭の映画に憧れた少年というのは、本書の著者の一人であり、プロジェクト・リーダーである井庭崇です。本書の誕生の経緯には、このような物語がありました。

本書が提唱する「創造的プレゼンテーション」とは、映画や小説と同じように、聴き手の思考を促進させ、想像力を豊かにし、新しい発想や発見を誘発する営みを指します。そう捉え直すことで、プレゼンテーションはもっとエキサイティングでクリエイティブなものになるのではないか——本書はそのような問題意識で書かれています。また、本書はまとめ方についても従来とは異なる方法がとられています。デザインの秘訣を「状況」「問題」「解決」をセットにして小さな単位にまとめる「パターン・ランゲージ」という形式で記述しています。

あらかじめ強調しておきたいのは、本書は優れたプレゼンテーションのベストプラクティスを紹介するものでも、画一的なモデルを提示するものでもありません。ましてや、この通りにやればうまくいくというテクニックを紹介するハウツー本でもありません。本書が目指すのは、読者をひとつの大きな枠にはめ込むことではなく、いまの自分のやり方をベースとしながら少しずつ拡張・成長していくことを手助けすることです。本書には三十四個のパターンが収録されていますが、それらは、あなたがどのように成長したいのかによって、自由に「取り入れる」ことができるヒントなのです。

ぜひご自身のプレゼンテーションをより創造的なものにするために、本書で紹介する「表現のヒント」を活用していただければと思います。

CONTENTS

プレゼンテーション・パターンの読み方

プレゼンテーション・パターン（略して、プレパタ）は、「創造的プレゼンテーション」の秘訣を言語化したものです。「創造的プレゼンテーション」とは、聴き手の思考を促進させ、想像力を豊かにし、新しい発想や発見を誘発するきっかけをつくることです。つまり、創造的プレゼンテーションは、何かを「伝える」ためにあるのではなく、聴き手がその人なりの発想や発見を「つくる」ためにあると考えるのです。

本書では、創造的プレゼンテーションのヒントが、三十四個のパターンにまとめられています。ここでは、個々のパターンがどのような形式で書かれているのかを説明しておくことにします。

どのパターンも、四ページをひとつのまとまりとして記述されています。最初のページは、そのパターンへの「扉」のページです。その扉ページに書かれているのは、「パターン番号」と、日本語と英語の「パターン名」、パターン内容を表す「導入文」と「イラスト」、そしてそのパターンに関連する「名言」です。この扉ページを見ることで、そのパターンがどのようなものなのかを大雑把につかむことができます。

このうち最も重要なのはパターン名です。パターン名は、そのパターンで紹介される秘訣の本質を端的に表し、魅力的で覚えやすいように命名されています。パターン名は、プレゼンテーションについて考えるときの思考のビルディング・ブロック（積み木）となる「ことば」であり、コミュニケーションの語彙になる「ことば」なのです。このパターン名が創造的プレゼンテーションについて考えたり語ったりするための「共通言語」となることが期待されています。ぜひ、扉ページの上方に書かれているパターン名は単なる「見出し」や「タイトル」ではなく、「共通言語」の「ことば」なのだということを心の片隅に置いておいてください。なお、本書ではパターン名はすべて青字で書かれており、そのパターンの説明も本書の別の場所でされています。必要であれば、気になるパターンを辿っていき説明を読んでみてください。

扉のページの後に続く三ページは、そのパターンの内容になります。そこでは、ある「状況」(context)において、どのような「問題」(problem)が生じやすく、それをどう「解決」(solution)すればよいのか」ということが記述されています。この「状況」「問題」「解決」というパターンで記述するのが、本書が採用する「パターン・ランゲージ」の形式の最大の特徴です。

なぜ「状況」「問題」「解決」がセットになって記述されているのかというと、それこそが「デザイン」の際に必要となる実践的な知識だからです。「デザイン」という行為を突き詰めて考えると、「問題発見」と「問題解決」から成り立っていると言われています。つまり、何かをデザインするということは、問題を発見し、それを解決するということなのです。それゆえ、プレゼンテーションをデザインする＝つくる秘訣も、「状況」「問題」「解決」というパターンで記述するのが適しているのです。

本書には、三十四個のプレゼンテーション・パターンが収録されています。これらのパターンは、ゆるやかにつながり合いながら、ひとつの全体を構成しています。まず中心には「創造的プレゼンテーション」があり、それに続いて、創造的プレゼンテーションの本質である「メインメッセージ」、「心に響くプレゼント」、「成功のイメージ」が続きます。その後のパターンは、大きく分けて三つのまとまりに分かれています。第一のまとまりは「内容・表現」に関するパターン、第二のまとまりは「魅せ方」に関するパターン、第三のまとまりは「振る舞い」に関するパターンです。そして最後に、「独自性の追求」、「魅せ方の美学」、「生き方の創造」という究極のパターンで締めくくられます。

パターンは個々に適用するよりも、組み合わせることで力が増幅されます。しかしながら、すべてのパターンを実践しなければならないという強迫観念を持たないようにしてください。パターンは、こうしなければならないというルールではなく、いまの自分らしいやり方を少しずつ拡張していくためのヒントなのです。「大きな枠にはめ込んで自分を変える」ためのものではなく、「自分を広げるために取り入れていく」――本書では、そのような漸進的《ぜんしんてき》な成長を支援するために、「パターン・ランゲージ」の形式をとっているということを忘れないでください。出発点は、いつもあなた自身なのです。

それでは、いよいよプレゼンテーション・パターンの紹介に入っていきましょう。本書を読むことで、読者のみなさんに新しい発想や発見が生まれることを祈って。

プレゼンテーション・パターンの全体像

34個のプレゼンテーション・パターンは、ゆるやかにつながり合いながら、ひとつの全体を構成しています。中心には「創造的プレゼンテーション」があり、それに続いて、創造的プレゼンテーションの本質である「メインメッセージ」、「心に響くプレゼント」、「成功のイメージ」が続きます。その後のパターンは、大きく分けて3つのまとまりに分かれています。第一のまとまりは「内容・表現」に関するパターン、第二のまとまりは「魅せ方」に関するパターン、第三のまとまりは「振る舞い」に関するパターンです。そして最後に、「独自性の追求」、「魅せ方の美学」、「生き方の創造」という究極のパターンで締めくくられます。

CORE PATTERNS

創造的プレゼンテーションの本質

Core Patterns　創造的プレゼンテーションの本質

「創造的プレゼンテーション」は、単なる「伝達」ではなく、聴き手が新しい発想や発見を生み出すことを誘発する「創造」の営みです。そのようなプレゼンテーションを実現するためには、シンプルで力強い「メインメッセージ」を、聴き手の「心に響くプレゼント」として届けるつもりでつくっていきます。そのとき、聴き手が創造的になるという「成功のイメージ」をしっかりと持ち、そのためのつくり込みをしていくことが大切です。

いま挙げたパターンのなかで、中心となるのは「創造的プレゼンテーション」です。そして、それに続く三パターンは、「創造的プレゼンテーション」を実現するための最も重要な考え方（マインド）を表したパターンです。これらのうちどの一つが欠けても、「創造的プレゼンテーション」を実現することはできません。

本書に収録されているプレゼンテーション・パターンは、この三つの本質的なパターンをより詳細に説明し直すものだと言うことができます。その意味でも、中心の「創造的プレゼンテーション」と、それを実現するための「メインメッセージ」「心に響くプレゼント」「成功のイメージ」の三パターンこそが、プレゼンテーションをつくる際にまず最初に意識すべきパターンだということになります。

No. 0

創造的プレゼンテーション

Creative Presentation

プレゼンテーションとは、
単なる「伝達」ではなく、「創造」の営みである。

小説をつくり出す行為と、小説を読みとる行為とは、与える者と受ける者との関係にあるのではない。それらは人間の行為として、両者とも同じ方向を向いているものである。── 大江 健三郎

どんな時代においても、人間の最高の幸福は、新しい発見に参加することであった。
── ユーリイ・ガガーリン

わたしはよく言うのですが、わたしが書く行為は冒険のようなものだって。その冒険がわたしをどこへ連れてゆき、終わりがどうなるのか、わたし自身さえ知らない冒険です。だから、どの本を書いた後もわたし自身がちがう人間になりました。
── ミヒャエル・エンデ

0 創造的プレゼンテーション

自分の考えやアイデアについてプレゼンテーションをする機会が増えています。新しい商品についてのアイデアを提案したり、研究・開発した成果を発表したり、新しい仕組みについて議論を巻き起こそうというような機会です。あるいは、面接で自分の可能性をアピールしたり、未来のヴィジョンを共有して一緒に活動する仲間を募ったり、つくった作品を通して他の人に刺激を与えたいということもあるでしょう。このように、プレゼンテーションは現代社会を生きるための必要不可欠な営みになっています。

Context

ところが、自分が持っている知識やアイデアを一生懸命に伝えたとしても、相手の考え方に影響を及ぼしたり、行動を促したりするのは難しいというのも事実です。

伝えた相手に理解してもらえたとしても、その場を離れたらすっかり忘れられるということはよくあることです。ただ「伝える」だけでは、それが聴き手の一部になることはないと考える方がよいでしょう。聴いたことを自分の経験や知識と結びつけることがなければ、定着せずに流れ出ていってしまうのです。そのため、「伝える」ことにいくら注力しても、聴き手の考えや行動を変えることにはつながらないのです。

Problem

そこで、プレゼンテーションを「伝達」の場ではなく「創造」の場であると捉え、聴き手の想像をかき立て、新しい発想や発見を生み出すきっかけとなるプレゼンテーションをつくりましょう。

聴き手を創造的にするということのイメージをつかむために、ここでは小説を例に考えてみることにしましょう。小説を読むとき、読者はそこに書かれていることを手がかりにしながら、作品の世界を想像します。すべてのことが書かれているわけではないので、読者は自分でも補いながら想像しています。つまり、自分なりに世界を「想像」＝「創造」しているのです。これが、小説を読んでいる読者も「創造」的な活動をしていると言われる所以《ゆえん》です。小説は、作者が読者に何かを「伝える」というよりは、作者と読者が同じ側に立ちながら作品の世界を「つくる」のです。

プレゼンテーションも同じように捉えることができます。プレゼンテーションにおける語り手と聴き手は、伝える者と受け取る者ではなく、プレゼンテーションの内容に向かって同じ側に立ちながら、ともに「つくる」パートナーだという捉え方です。聴き手は、小説の読者と同様に、そこで語られたことを手がかりにしながら、自分なりに考え、想像＝創造するのです。

そう考えると、プレゼンテーションにおいて重要なのは、「聴き手にどう伝えるか」ではなく、「聴き手の創造をどう引き起こすか」だということになります。極論を言ってしまえば、語ったことが正確に伝わらなかったとしても、聴き手が新しい発想や発見を得たならば成功だと言

Solution

うことさえできるでしょう。このように、聴き手を創造的にするプレゼンテーションを、「創造的プレゼンテーション」(Creative Presentation)と呼ぶことにします。

それでは、「創造的プレゼンテーション」はどのようにつくることができるのでしょうか。もっとも大切なのは、どうすれば聴き手の新しい発想や発見を誘発できるのかをきちんと考えてつくるということです。聴き手を突き動かす「メインメッセージ」を考え、それを「心に響くプレゼント」になるようにつくり込んでいきます。そのとき、聴き手に新しい発想や発見が起きるという「成功のイメージ」を持って、そのイメージに近づくようにします。

このようにつくられたプレゼンテーションは、聴き手が自分なりの発想や発見を生み出すことを促します。「創造的プレゼンテーション」は、情報の提供ではなく、創造の体験を生み出すことなのです。語り手自身も、その準備・実践・反応を通じて発見や成長があるはずです。「作品をつくることで作者自身が成長する」と多くの小説家や芸術家が語っていますが、同じことが「創造的プレゼンテーション」の語り手にも起きるのです。このように考えることで、プレゼンテーションは語り手にとっても聴き手にとっても創造的な営みとなるのです。

No.3 No.2 No.1

Pattern No. 0

創造的プレゼンテーション

プレゼンテーションを、情報を「伝達」することだと捉えるのをやめて、聴き手が自分なりの発想や発見を生み出す「創造」の手助けをすることだと捉えて取り組もう。

No. 1

メインメッセージ

Main Message

あなたが聴き手に最も届けたい
メッセージは何だろうか？

「こういうもの」を表現したい、という最初の衝動がある。描きたいという衝動じゃない。「こういうもの」を、なんだ。—— 岡本 太郎

説得力というものは、自然に生まれてくるものでもなければ、口先だけの技術でもない。やはり、これが正しいのだ、こうしなくてはいけないのだ、という強い信念なり熱意が根底にあってはじめて生まれてくるものであろう。—— 松下 幸之助

人に聴いてもらう音楽として非常に重要なのは、まず自分が一番目の聴衆として喜べること。自分が感動できるものを提出していかないと、周りの人、ひいては観客に響いていかない。 —— 久石 譲

1 メインメッセージ

「創造的プレゼンテーション」では、聴き手が自分なりの発想や発見を生み出す「創造」の手助けをします。そのような創造を誘発するといっても、「何でも自由に考えてください」というわけにはいきません。自由過ぎる状態では人は創造的にはなれないからです。創造性を誘発するには、ある種の制約やきっかけが必要です。

Context

No.0

ところが、いろいろと情報を提供するだけでは、つかみどころのないプレゼンテーションになってしまい、聴き手が考えを深めたり行動したりするきっかけを提供することはできません。

語り手が話したいと思うことを話すだけでは、「これを言うためにはあれを説明しなければならない」とか、「あれを説明する前にこれを説明しておいた方がいい」というように、言うべきことは芋づる式に増えていきます。しかも、「せっかく話せる時間があるのだからあれも言っておこう」という気持ちにもなりがちです。そうやってつくられたプレゼンテーションは、結局何を言いたいのかよくわからないものになってしまいます。

Problem

そこで、自分が聴き手に最も伝えるべきメッセージを一つに絞り、それを核としてプレゼンテーションをつくるようにしましょう。

メッセージを考えるときには、「自分」、「相手」、「創造」という三つの視点から考えるとよいでしょう。

まず、自分の経験や知識にもとづいて心から大切だと思っていることのなかで、他の人に伝えるべきことは何かを考えます。そして、自分が確信を持っていて、それを語る時につい熱が入ってしまうようなものを選びます。メッセージは語り手によって語られることで力を持ちます。そのため、語り手がその内容に確信を持ち、情熱を注ぐことができることが大切なのです。

次に、自分が伝えるメッセージが聴き手にとって本当に必要・重要なものかを考えます。自分にとってどんなに重要な内容であっても、聴き手にまったく関係のないものであれば、語り手の自己満足になってしまいます。

さらに、そのメッセージが聴き手の新しい発想や発見につながるかどうかも考えます。「創造的プレゼンテーション」では、単にメッセージを伝達するのではなく、聴き手が創造的になることを目指しています。そのため、たとえメッセージが聴き手にとって必要・重要なものだとしても、新しい発想や発見につながらないものはメッセージとしては不十分だということになります。

これらの三つの視点を行き来しながら、メッセージを考え、絞り込み、磨いていきます。自分、相手、創造の視点から考えるというのは、その順番で進む線形的なプロセスではありません。三つの視点を行ったり来たりしながら詰めていき、一つの「メインメッセージ」にまとめあげていくのです。

プレゼンテーションをつくる最初の段階で「メインメッセージ」を考えますが、その内容や表現については、徐々に洗練され明確なものになっていくものです。多くの場合、最初の段階では荒削りなのですが、プレゼンテーションをつくる過程でそれを洗練させていくことになります。そして、「メインメッセージ」は、最初から頭のなかにあったものを外化して得られるのではなく、それについて考え抜く過程で結晶化されてくるものなのです。その意味で、プレゼンテーションをつくることは、一種の「学び」（つくることによる学び）でもあるのです。

こうして得られた「メインメッセージ」は、最終的にはとてもシンプルなかたちになります。シンプルでストロングなメッセージ――これを目指しましょう。「メインメッセージ」がしっかりしているプレゼンテーションは、聴き手にとってわかりやすいものになるだけでなく、心を動かす力を持つようになります。

Pattern No.1

メインメッセージ

自分が確信を持って情熱的に語れるもので、聴き手に必要性・重要性があり、聴き手を創造的にさせるメッセージを一つに絞ろう。

No. 2

心に響くプレゼント

Touching Gift

プレゼンテーションは、聴き手へのプレゼントである。

僕には映画を見せたい相手がいる。—— 宮崎 駿

作家なら、きっと意中の読者がいるはずで、仕事にかかっている間は寝ても覚めても「彼／彼女がこれを読んだらどう思うだろうか」と気を揉まずにはいられない。

—— スティーヴン・キング

その時の「誰か」というのは不特定多数ではなく、顔の見える明確なターゲットです。あの人を笑顔にするため、あの人を喜ばせるためにものを書こう、つくろうと思う。—— 小山 薫堂

2 心に響くプレゼント

聴き手に届けるべき「メインメッセージ」が固まってきたら、今度は、それをどのように聴き手に届けるのかを考えます。聴き手がどのような知識・経験を持っているかによって、理解しやすい表現は異なり、発想や発見を促す方法も異なるからです。

このとき、漠然とした「聴き手一般」を想定するだけでは、聴き手ひとりひとりの心を動かし、創造を誘発するプレゼンテーションをつくることはできません。

なぜ「聴き手一般」を想定するのではだめなのでしょうか。それは、「聴き手一般」というものが具体性を欠く曖昧なイメージに過ぎないからです。そのような曖昧なイメージにもとづいてつくられたプレゼンテーションは、誰にも響かないものになりがちです。とはいえ、「聴き手一般」を想定したくなる気持ちもわかります。プレゼンテーションをつくる段階では、聴き手は目の前にいるわけではなく、一度も会ったことがない相手に対してプレゼンテーションを行うことも多くあるからです。「聴き手」をイメージするための工夫が必要なのです。

そこで、いまつくっているプレゼンテーションが誰に向けてのものなのかを、聴き手になる人を具体的にイメージして、その人の心を動かすような魅せ方を考えましょう。

Context ―― Problem ―― Solution

▼ No.1

まず聴き手がどのような人たちなのかを把握します。そのプレゼンテーションの目的や場所によって、ある程度の見込みが立てられるはずです。継続して行われている会であれば、主催者は過去の参加者についての情報を持っているかもしれません。

その上で、「特定の誰か」を具体的に想像します。プレゼンテーションを届けたい意中の人がいるのであれば、その人をイメージします。あるいは、聴き手のなかに知り合いがいるのであれば、その人をイメージするのもよいでしょう。聴き手が全員知らない人である場合には、代わりに聴き手と同じ分野や年代の身近な人をイメージするようにします。そして、その特定の人に対して、どのような魅せ方をするとよいのかを考えていきます。

このとき、「プレゼンテーション」を聴き手への「プレゼント」だと捉えてみましょう。プレゼントを贈るときには、贈られる人のことを考えて選ぶはずです。相手のことを考えなければ、独りよがりなプレゼントになってしまうからです。逆に、贈る側もその人らしいものを選ばないと、その人が贈る意味が薄れてしまいます。同じことはプレゼンテーションにも言うことができるでしょう。プレゼンテーションは語り手にとっても聴き手にとっても素敵な体験となるようなプレゼントであるべきです。

興味深いことに、多くの作家が、作品を最初に見せたい特定の人がいると言います。つまり、一般に広く公開される作品であっても、つくっている段階では不特定多数の人々ではなく、見せたいと思う特定の人を想像しているのです。そうすることが、より多くの人の「心に響く」

ものになることを知っているのでしょう。「個」を徹底して追求すれば、「普遍」につながるものなのです。

ここで少し注意が必要です。特定の人を想定するのは、相手に迎合するということではありません。また、内輪受けでよいということでもありません。その特定の人というのは、あくまでも「聴き手全体のなかにいる一人」です。特定の誰かに着目するのは、聴き手をリアルに感じるための工夫であって、あくまでも「聴き手全体」を代表する一人なのだということは忘れないようにしましょう。

こうして、「心に響くプレゼント」としてつくられたプレゼンテーションは、語り手の思いも伝わり、好感や共感を引き起こし、多くの人の心を動かすものになります。語り手にとっても話しやすい雰囲気となり、ますますいきいきとした素敵なプレゼンテーションになるでしょう。

Pattern No.2

心に響くプレゼント

つくっているプレゼンテーションが誰に向けてのものなのかを意識して、特定の人を具体的にイメージし、その人を喜ばせるつもりで魅せ方を考えよう。

No. 3

成功のイメージ

Image of Success

プレゼンテーションによって聴き手がどうなることが
理想なのか。そのイメージを持つ。

世界を変えられると本気で信じる人たちこそが、本当に世界を変える。―― スティーブ・ジョブズ

目的と方向性がない場合、努力と勇気だけでは不十分である。―― ジョン・F・ケネディ

自分の心に描く夢の実現に向かって努力する時、ふだんなら思いもよらぬ成功が得られる。空中に楼閣を建てても無駄骨には終わらない。楼閣は空中に建てるものだ。さあ、その下に土台を建てよう。―― ヘンリー・ソロー

3 成功のイメージ

「メインメッセージ」を明らかにし、それを「心に響くプレゼント」になるようにつくり込むときには、そのプレゼンテーションを通じて聴き手にどうなってほしいかを考えます。「創造的プレゼンテーション」で目指すのは、聴き手が新しい発想や発見を生み出すのを誘発するということです。

ところが、いざプレゼンテーションをつくり始めると、聴き手の「創造」を促すことよりも、「伝える」ことに意識が集中してしまいがちです。

プレゼンテーションをつくるときには、内容や表現をつくり込む作業に多くの時間を費やすことになるため、どうしても「伝える」ことに意識が集中してしまいます。しかしながら、途中で目的がすり替わってしまうと、プレゼンテーションをつくる際の様々な意思決定がブレてしまいます。

そこで、プレゼンテーションによって、聴き手がどのようになることが成功なのかをイメージし、それを実現するようにプレゼンテーションをつくり込むようにしましょう。

プレゼンテーションを通じて聴き手が創造的になるということには、いくつかの種類があ

Context
▼ No.1 ▼ No.2 ▼ No.0
Problem
Solution

ります。語られた内容を「自分にもできる」「自分もやるべきだ」ということを発見する場合、提示された認識枠組みによって世界の見え方が変わる場合、語り手の志や挑戦、態度に刺激を受け、新しい生き方を見い出す場合などが考えられます。

まず、プレゼンテーションで紹介した行動・活動について、聴き手が「自分にもできる」ということを発見する場合が考えられます。聴き手が、その行動・活動がいかに意義があることかを感じ、「自分にもできる」「自分もやるべきだ」「自分もやりたい」と考えるようになるのです。難しかったりコストがかかったりするものではなく、すぐにでも簡単に始められるという印象を持ってもらえれば、実際に行動につながる可能性が大きくなります。

次に、プレゼンテーションで提示された認識枠組みによって、世界の見え方が変わり、それによって、今まで見えていなかった側面や部分を発見するということが考えられます。そのためには、認識枠組み自体を理解した上で、それをどのように応用することが可能なのかについてのイメージが広がることが重要です。「たとえば、こういう分野にも応用できるかもしれない」とか「こういうものとの組み合わせでまったく違うシステムができるだろう」というような話が出ていれば発想しやすくなるでしょう。

そして、プレゼンテーションの語り手の志や挑戦、態度に共感したり魅了されることで、刺激を受けるということも考えられます。聴き手は、今の自分の生き方とは違う生き方を発見するのです。そのため、プレゼンテーションで紹介する内容だけでなく、それを生み出したプロセスや背後にある思想・哲学などが刺激となります。語り手が今回紹介したのは、あくまでも語り手自身の生き方に過ぎないということが意識されれば、聴き手は自ずと自分の他の生き方の可能性についても思いを馳せるはずです。

どの場合も、プレゼンテーションで示す内容が魅力的であり、わかりやすいものであることが前提です。その上で、聴き手の新しい発想や発見にどうつながるのかを考えながらつくり込んでいくことで、「創造的プレゼンテーション」が実現するのです。

その結果、プレゼンテーションを単なる「伝達」ではなく、「創造」の場とすることができます。また、「成功のイメージ」を持つことで、ブレることなく実現させていくことができるようになり、全体としての統一感も生まれます。「成功のイメージ」は終始持ち続けることが大切なので、適宜「成功のリマインド」を行うことで、そのイメージを忘れないようにしましょう。

▼ No.0

▼ No.23

Pattern No.3

成功のイメージ

プレゼンテーションを通じて聴き手が創造的になっている状態、つまり、新しい発想や発見が誘発されている状態をイメージし、それに向かってつくり込んでいこう。

I 内容・表現に関するパターン

Ⅰ　内容・表現に関するパターン

プレゼンテーションの「メインメッセージ」を聴き手に印象的に届けるためには、語り手の認識枠組みの共有、惹きつけるストーリー展開、美しさを考慮した仕上げが必要となります。

まず、情報をただ提示するのではなく、ひとつのストーリーに乗せて語る「ストーリーテリング」が不可欠です。そして適切で魅力的な「ことば探し」をしたり、「図のチカラ」を駆使したりして、語り手がどのように物事を捉えているのかという認識枠組みを共有します。

次に、ストーリーに「メリハリ」をつけたり、「驚きの展開」を組み込んだりすることで、聴き手を惹きつけるストーリー展開を実現します。ミステリー小説のように「はてなの扉」を次々に開けていくような構成にしてみるのもよいでしょう。

そして、美しさを考慮した仕上げのために、「分」かりやすさと「美」しさの「ぶん《分》び《美》両道」と「適切な情報量」を心がけます。その上で、プレゼンテーションがさらに魅力的になるような「魅力のちょい足し」のスパイスを加えてみるとよいでしょう。

No. 4

ストーリーテリング

Storytelling

語り部として魅力的に語る。

「カタル（語る）」は、語源的には「カタドル（象る）」に由来すると言われている。それでは何を象るのかと問われれば､「経験」と答えるのが最も適切な応接であろう。言葉はわれわれの経験に形を与え、それを明瞭な輪郭をもった出来事として描き出し、他者の前に差し出してくれる。── 野家 啓一

人間は論理を理解するようにできていない。人間は物語を理解するようにできているのだ。── ロジャー・C・シャンク

僕の考える物語というのは、まず人に読みたいと思わせ、人が読んで楽しいと感じるかたち、そういう中でとにかく人を深い暗闇の領域に引きずり込んでいける力を持ったものです。── 村上 春樹

4 ストーリーテリング

「メインメッセージ」が固まってきたら、それをどのように伝えるのかを考えます。

そのとき、伝えたいことを順に話していくだけでは、面白味のないプレゼンテーションになってしまい、聴き手の心を動かすことはできません。

いくら情報が整理されていたとしても、無味乾燥な提示の仕方をすれば、聴き手は話に魅力を感じず、退屈になってしまうでしょう。また、単なる説明では、聴き手はその内容について積極的に考えることは期待できず、考えや行動を変えることにはつながりません。

Context ↓ No.1

Problem

そこで、メッセージが魅力的に伝わるストーリー（物語）をつくり、そのストーリーに従ってプレゼンテーションをつくるようにしましょう。

Solution ↓ No.1

「メインメッセージ」を伝えるための最も効果的で、最も魅力的なストーリーを考えます。ストーリーで語るとは、コンテクスト（文脈）によって情報に意味づけをして語るということです。単なる説明とは異なり、感覚・感情の要素を加えたり、物事を立体的に描写したりすることができます。しかも、ストーリーには葛藤や対立の要素を含めることができます。映画や小説をイメージするとわかりやすいのですが、葛藤や対立には人間味やリアリティが感じられます。そのようなストーリーが展開されると、聴き手はどうしてもその先が気になってしまうものです。

プレゼンテーションにおけるストーリーには、社会的な背景から入るストーリー、聴き手を中心としたストーリー、語り手の話から入るストーリーがあります。

一つめは、その時代に共有されている話題・問題から入り、語り手と聴き手に共通の土台をつくるというものです。まず最初に、聴き手が受け入れることができる事実や時代状況の話から入り、それを前提として問題を指摘し、疑問を生みます。「それはなぜなのか」「どうやって解決できたのか」と好奇心に訴えかけることで、聴き手はそのプレゼンテーションを聴く価値を感じやすくなります。このような導入の仕方については、『考える技術・書く技術』（バーバラ・ミント、ダイヤモンド社）で詳しく解説されているので、読んでみるとよいでしょう。

二つめは、聴き手が日頃から問題だと感じたり悩んだりしていることに触れ、聴き手が主人公となるようなストーリーにするというものです。たとえば、「こういう問題や悩みをお持ちだと思いますが、私のアイデアがその解決に役立つかもしれません」と言うことで、そのプレゼンテーションとの出会いが、聴き手の人生の物語の展開を大きく変えるかもしれないという予感を生みます。

三つめは、語り手のこれまでの経緯や経験談を語るというものです。自分はどういう人間であり、なぜここで語っているのかというパーソナル・ストーリーを紡《つむ》ぐのです。このやり方のメリットは、その語り手からしか聴くことができない話であるということが明確な点にあります。語り手にとっても、感情を込めた熱い語りがしやすくなります。このようなストーリーの語り方は、TEDトークでよく行われています。

ストーリーの展開を考える上では、プレゼンテーションの長さに応じて、ストーリーに「メリハリ」をつけるようにするとよいでしょう。聴き手の予想をよい意味で裏切る「驚きの展開」や、先を聴きたくなるような問いと答えの連続である「はてなの扉」を仕掛けていくのもよいでしょう。そのような工夫によって、ストーリーをよりドラマティックにすることができます。

プレゼンテーションのストーリーをしっかりつくることで、聴き手は感情移入がしやすくなり、想像力も働かせやすくなります。また、ストーリーの流れに乗ってあっという間にプレゼンテーションが終わり、「メインメッセージ」もすんなりと理解し、印象深さも感じることでしょう。語り手にとっても、ストーリーを軸に構成することで、シンプルでわかりやすいものになり、全体としてのまとまりも生まれます。

No.7 No.8 No.9 No.1

Pattern No.4

ストーリーテリング

聴き手の想像力をかき立て、心を動かすことができるような魅力的なストーリーを考えて、それを語ろう。

No. 5

ことば探し

Exploration of Words

想像力をかき立て、人を突き動かす
ことばを探す旅に出る。

本当に使いたい言葉の遠縁にすぎない別の単語を選んで文章を駄目にする必要がどこにあるだろうか。何よりも、適切な表現を考えることが大切である。—— スティーヴン・キング

僕自身が最も理想的だと考える表現は、最も簡単な言葉で最も難解な道理を表現することです。少なからざる人がごく簡単な道理を難解な言葉で表現しようとします。—— 村上 春樹

発見の旅というのは、まだ見ぬ景色を探すということではない。見る目を養う、ということなのだ。—— マルセル・プルースト

5 ことば探し

プレゼンテーションの「メインメッセージ」と、それをどのように「ストーリーテリング」するのかが決まったら、具体的にプレゼンテーションの内容を詰め、表現をつくっていく段階になります。プレゼンテーションでは、視覚的な要素を多く用いることになりますが、それでも「ことば」は最も主要な要素となります。

Context ─┘
▼ No.4 ▼ No.1

ところが、プレゼンテーションで使う「ことば」が、内容を適切に表していなければ誤解を生み、魅力に欠けるならば聴き手の心を動かすことはできません。

ことばそれぞれが持っているニュアンスに注意を払わなければ、聴き手は語り手が想定しているものとは違うイメージを抱いてしまいます。特に、「それらしい」ことばや難しいことばを使うことによって、ことばが空転してしまうことは避けなければなりません。自分から「遠い」ことばを「格好がよさそうだ」という理由で採用してしまうと、意味やニュアンスを履《は》き違える原因になりかねません。しかも、内容を適切に表していても、魅力に欠けることばでは、聴き手の心を動かすことはできません。

Problem ─┘

そこで、プレゼンテーションをつくっているときに、そこで用いる「ことば」に意識的にな

─┘

り、内容を適切に表している魅力的なことばを「探す」ようにしましょう。

プレゼンテーションで語る内容の本質を見極め、それを言い表す適切なことばで、自分と聴き手がともに魅力的だと思えることばは、単に一生懸命考えるだけでは、なかなか出てこないものです。そのため、そのようなことばを「探す」必要があります。言うなれば、「ことば探し」の旅に出る必要があるのです。

具体的には、自分が表現したいことをより適切で魅力的に表すことばを、いろいろな本をパラパラと読みながら考えていきます。たとえば、手持ちの本のなかから感覚に合う言葉がないかを探します。また、書店や図書館に行って、関連がありそうな本を片っ端から手に取り、ざっと見ていきます。内容を理解するために読むのではなく、ことばを探すためにパラパラと読むことが大切です。素敵な本に出会っても、じっくり読みたいという衝動をぐっと抑えて、ことばの表現だけに着目して読んでいきます（そのような本に出会うことはとても素敵なことなので、後の楽しみのために覚えておきましょう）。

そのうち、ことばを大切にしている著者や、自分の感覚に合うことばを使っている著者に出会えるでしょう。そういうときには、その人が書いた他の本にも目を向けてみると、たとえテーマや分野が違っていても、魅力的なことばに出会えることがあります。

また、普段から本を読むときには、自分の感覚に合うことばや素敵な表現に出会ったら、その部分に鉛筆で印をつけたり、ページの端を折っておくとよいでしょう。そうすることで、いざ「ことば探し」をするというときに、かなり効率的に探索することができるようになります。

このように、プレゼンテーションをつくっているときにこそ、自分の感覚にフィットし、魅力的だと思うことばを探していきます。これによって、表現のバリエーションは格段に広がります。大量の本に目を通すことには、別のメリットもあります。そのテーマに関して、どのようなことばが使われているのかをつかむことができ、そこに寄せるのか、あるいはそこから離れるのかを考えることもできるようになるのです。

最終的に選んだことばが、聴き手にとっても魅力的かどうかということに自信が持てないときには、聴き手の分野・立場に近い人に話してみて、魅力的かどうかをチェックするとよいでしょう。

このように「ことば探し」をすることで、プレゼンテーションは、自分と聴き手がともに魅力的だと思うことばが詰まった「心に響くプレゼント」になります。こうして選んだことばは、「借り物」のことばではなく、語り手自身のことばになり、聴き手の心に響く力を持つようになります。

Pattern No.5

ことば探し

プレゼンテーションをつくるときには、たくさんの本をざっと読みながら、自分にとっても聴き手にとっても魅力が感じられ、創造を誘発できそうなことばを探そう。

▼ No.2

No. 6

図のチカラ

Visual Power

百聞は一見にしかず。

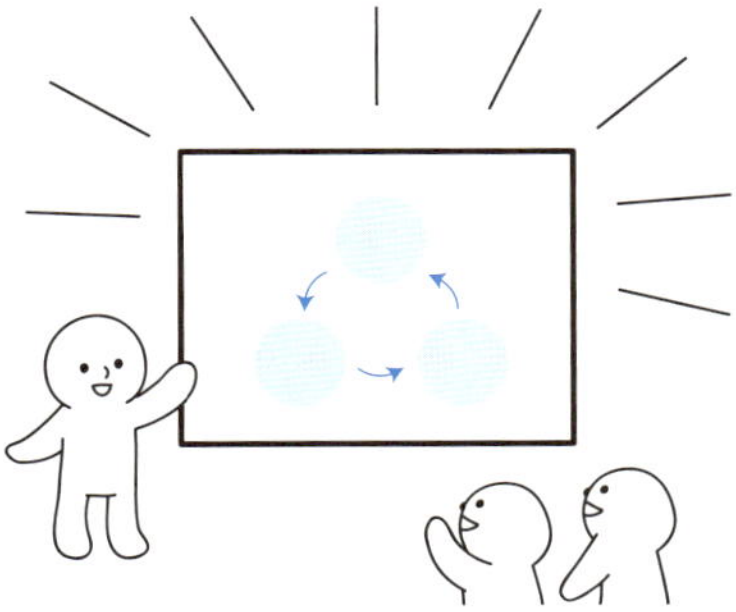

芸術の本質は、見えるものをそのまま再現するのではなく、見えるようにすることにある。——パウル・クレー

私が知る画家たちはたいてい、描こうとする絵の大体のコンセプトは持っているけれども、でも、どこかある箇所から描きはじめ、そうするとその描く作業中になにかが生まれてくる。……ほんとうに、題材からたえまなくなにかが作者に向かって出てくる。そして、それには耳を傾けなくてはならない。——ミヒャエル・エンデ

6 図のチカラ

プレゼンテーションの「メインメッセージ」と、それをどのように「ストーリーテリング」するのかが決まり、内容をどうやって適切かつ魅力的に伝えるかを考えています。

そのとき、ことばを重ねていくだけでは、複雑・過剰になってしまい、逆にわかりにくくなってしまうことがあります。

それは、ことばでは伝えにくい内容もあるからです。たとえば、ものごとの関係性や位置づけは、視覚的に表現しなければわかりにくくなります。視覚は五感の中で最も強力な感覚なので、それを活かさない手はありません。

そこで、伝えたい内容が一目でわかるような「図」をつくるようにしましょう。

自分が表現しようと思っている内容のどれを視覚的に表現すべきなのかを考え、それを図にしてみます。図を描くメリットは、ものごとの関係性や構造を理解しやすくすることです。このことは、聴き手だけでなく、語り手にとっても重要です。語り手も、図を描くことによって頭で考えていたことが整理され、内容の理解が深まるのです。すでに理解・整理できているから図にするのではなく、図にすることで詰めていくのです。

Context　Problem　Solution

▼ No.1　▼ No.4

図を描くときには、たとえば、二つの軸をとって四象限に分かれる図を描くことで、四つの要素の関係性を整理して表すことができます。あるいは、時代の変化などを三つの段階に分けて整理するということも有効です。複数の要素の関係性を示したい場合には、それらの「関係図」をつくったり、「見取り図」や「地図（マップ）」を描くのもよいでしょう。

このような図を実際に描いてみると、埋まらない部分が出てくるものです。その場合には、自分がまだ気づいていない何かや見落としているものがあるのではないか、と考えてみましょう。逆に要素が収まりきらない場合には、それらをまとめるような一段上位の捉え方がないかを考えたり、整理し直したりしてみましょう。ときには、軸そのものに無理がある場合もあるでしょう。その場合には、どのような図にまとめるとよいかというところから再考します。

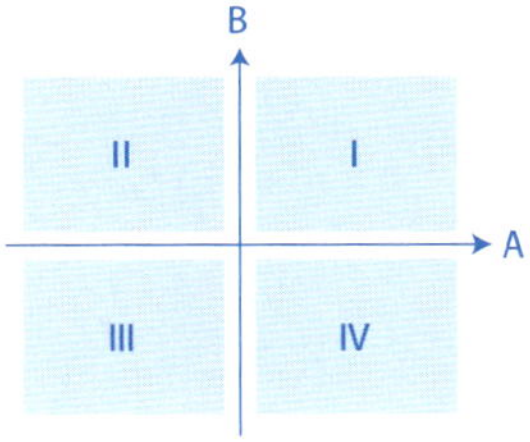

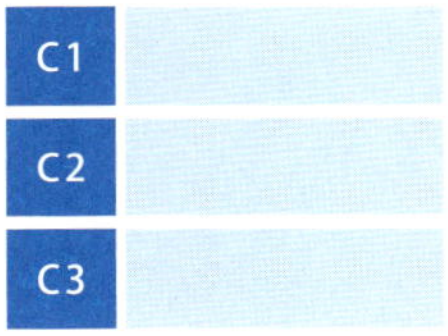

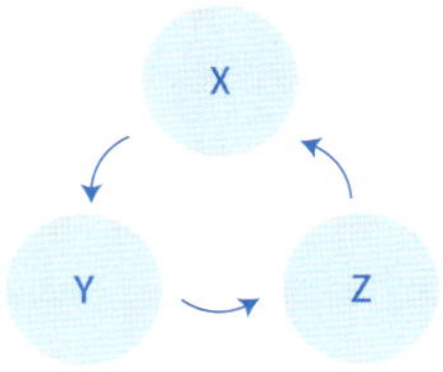

図を描くというと、「自分には絵心がない」といって身構えてしまう人がいますが、大丈夫です。図と絵は違います。四角や丸のような単純な図形や表を描くだけなので、何も難しいことはありません。しかも、最初からきれいにつくり込む必要はありません。手近にある紙にさらっと描くくらいでよいのです。そう考えれば、気楽に取り組むことができるのではないでしょうか。

このように、図で表現することで、聴き手にとって内容が理解しやすくなり、印象にも残りやすくなります。図による表現は、語り手がどのように物事を捉えているのかという認識枠組みを聴き手に示し、共有することになります。これにより、聴き手はその認識枠組みを使って世界を見ることができるようになり、新しい発想や発見につながる可能性があります。つまり、図が示す「認識枠組み」を共有することは、「創造的プレゼンテーション」の実現につながるのです。これも「図のチカラ」なのです。

▼
No.0

Pattern No.6

図のチカラ

伝えたい内容を自分のなかで整理するために図を描き、そこで得られた「世界の捉え方」を聴き手と共有しよう。

No. 7

メリハリ

Dramatic Modulation

変化に富むリズムで、時間展開をデザインする。

雄弁も長たらしくなると退屈する。—— ブレーズ・パスカル

テンポがくずれ、音のバランスが狂うと、甘い音楽も不快なもの。—— ウィリアム・シェイクスピア

音楽にせよ小説にせよ、いちばん基礎にあるものはリズムだ。自然で心地よい、そして確実なリズムがそこになければ、人は文章を読み進んではくれないだろう。

—— 村上 春樹

7 メリハリ

「メインメッセージ」を聴き手に届けるためにどのように「ストーリーテリング」するのかを決め、ストーリーをつくっています。

そのとき、どんなによいストーリーでも、抑揚のない単調な表現では、聴き手の心をつかむことはできません。

聴き手にとっては、話のなかでどこが重要なところなのかはすぐには判別ができません。そのため、重要でないところも集中して聴くことになり、次第に集中力を失ってしまいます。そうなるとますます理解ができなくなり、心が離れていってしまうことにつながります。

そこで、表現や語りにおいて、重要なところを強調し、そうでないところを弱めることで抑揚をつけましょう。

「メリハリ」をつけるには、いくつかの方法があります。「強弱」、「スピード」と「間《ま》」、そして「繰り返し」です。

まず最初の方法は、「強弱」をつけることです。ずっと同じようなトーンのプレゼンテーションは退屈になりがちですが、声の大・小、語り口の強さ・弱さだけでも、表現が豊かになりま

Solution　Problem　Context

No.4　No.1

す。重要なところは力を込めて少し大きな声で強調します。強く声を張るところでは、その勢いが聴き手の心を揺さぶります。逆に、静かに語る方が効果的な場合にはトーンを落として静かに語ります。静かに語ると、聴き手の意識は語り手に集中することになります。ただ強いだけ、あるいはただ弱いだけ、というのは平坦になるので、強弱の両方を取り入れることが大切です。

「メリハリ」をつける二つめの方法は、「スピード」と「間」です。ストーリーの展開に合わせて、ぐいぐいと引っ張るように進む部分と、穏やかに進む部分があると、聴き手はそのスピードの変化で飽きることなく聴くことができます。ジェットコースターや映画を楽しむように、興奮や感動を引き出すことができるでしょう。また、間をとることも大切です。ずっと語り続けるのではなく、考えてほしいところで一度口を閉じるのです。間をとることで、聴き手が自分の心の動きを確認し、視線や意識を語り手の次の動きに集中させる時間をとることになります。

そして、「繰り返し」によって「メリハリ」をつけるという方法もあります。大切なことばや主張を、何度か繰り返すことで強調するのです。プレゼンテーションにおいて、同じことばや主張を一度しか使ってはいけないというルールはありません。ことばや主張を繰り返すと、それらを聴き手に印象づけることになり、記憶にも残りやすくなります。大切なことばを、あるときに続けて三回言うこともできるし、プレゼンテーションのなかで何度も登場させるということもできます。この繰り返しは、声だけでなく、スクリーン上の文字でも同様です。スライドを用いる場合、同じスライドを二回使うことに抵抗がある人もいるようですが、大切な言葉であれば、プレゼンテーションのなかで何度出てきても構いません。声と文字の両方で繰り返すことで、確実に忘れられないことばになるでしょう。これは、内容的な重要度のメリハリをつけるとともに、語りのリズムをつくることにもつながります。

「メリハリ」をつけて語るのが上手い人に、ダニエル・ピンクがいます。さすがに副大統領(アル・ゴア)のスピーチライターをしていただけあって、とても印象に残る語り方をします。彼のTEDトーク「やる気に関する驚きの科学」*などを見ると、「強弱」や、「スピード」と「間」、「繰り返し」をどのように入れると効果的かを学ぶことができます。

こうして、「ストーリーテリング」に「メリハリ」が生まれることで、聴き手はストーリーを楽しむことができ、プレゼンテーションに惹きつけられることになるでしょう。そして、そこで強調される「メインメッセージ」もつかみやすくなります。語り手にとっても、聴き手が巻き込まれていく雰囲気を感じることで、より語りやすくなるはずです。

*TED「やる気に関する驚きの科学」(Dan Pink: The puzzle of motivation)
http://www.ted.com/talks/dan_pink_on_motivation.html

▼No.4 ▼No.1

Pattern No.7

メリハリ

プレゼンテーションにメリハリがつくように、強弱をつけ、スピードと間を工夫し、重要な部分を繰り返すようにしよう。

No. 8

驚きの展開

Unxepected Evolution

ときには、聴き手の予想の外側へ。

興味のなくなるところ、記憶もまたなくなる。 —— ヨハン・ゲーテ

驚きは知ることの始まりである。—— プラトン

サプライズとは、ただ驚かせるだけではありません。サプライズをしたあとの「あと味」が非常に大切。ただ悔しがらせたりするのではなく、幸せな気持ちが残るような「サプライズ＆ハピネス」の精神が必要なのだと思います。—— 小山 薫堂

8 驚きの展開

「メインメッセージ」を聴き手に届けるための魅力的なストーリーができ、「メリハリ」の利いた表現や語り口で魅力的な「ストーリーテリング」ができそうです。

ところが、そこで語られた内容がしっかりと印象づけられ、記憶に残るかというと、必ずしもそうとは限りません。

心地よい流れに身を任せて聴いた話は、聴き手のなかにしみ込むように入っていき、その場での印象はよいのですが、しばらく経つと忘れられてしまう可能性があります。記憶に残るものは、すんなり入ってきたものではなく、むしろ何かしらの違和感を感じたものであることが多いのです。

そこで、印象づけたい内容を語る場面で、聴き手が予想していることから、あえて外すことで意外性をもたらすことを考えてみましょう。

意外性をつくり込むときには、聴き手がどのような予想をしているかを考えて、そこから外すというのが基本です。ただし、意外性といってもただ驚かせればよいというわけではありません。突然大きな音を出したり、内容にまったく関係のない衝撃的な画像を見せたりしても、

Solution　Problem　Context

No.4　No.7　No.1

ただ聴き手を驚かせるだけで、プレゼンテーションをよりよいものにはしてくれません。それどころか、語り手に不信感を与え、悪い印象だけが残ってしまうかもしれません。そうならないためにも、意外性は必ずプレゼンテーションの内容と結びついていなければなりません。

意外性のスパイスの入れ方には、いくつかの種類があります。導入部分の「つかみ」として入れる、途中の展開部分で入れる、そして終わりの場面に入れるというものです。

「ストーリーテリング」の導入部分の「つかみ」として意外性を入れるためには、まず意外な事実を提示し、それがなぜ起きたのかという話につなげていきます。これが成功すれば、プレゼンテーションの冒頭から聴き手をしっかりと惹きつけることができます。

次に、プレゼンテーションの途中で意外性を入れることで、ストーリーに「メリハリ」を持たせることができます。プレゼンテーションの途中は中弛《なかだる》みしがちですが、「驚きの展開」を目の当たりにすることで、聴き手はハッとなって、頭が活性化し、その後の話をしっかりと聴くことができるようになります。

さらに、プレゼンテーションの最後に、意外性を入れることもできます。「実は……」というかたちで、ある種のオチをつけるという終わり方です。ただし、ここでも内容や印象を損ねるような意外性は御法度《ごはっと》です。これまで聴き手がプレゼンテーションを聴いてきたことを台無しにしてしまうからです。そうではなく、プレゼンテーションの内容を強化するように入れることが大切なのです。この好例としては、グレアム・ヒルのTEDトーク「モノは少なく、幸

▼ No.4

▼ No.7

せは大きく」（Graham Hill: Less stuff, more happiness）＊があります。実際に見ていただきたいので具体的には書きませんが、最後のシーンで「実は、この箱は……」と意外性を組み込んでいます。プレゼンテーションの内容を損なわずに強化し、とても印象的になっています。

プレゼンテーションに意外性を導入した結果、聴き手は心を揺さぶられ、感動につながり、発想や発見を生み出しやすくなります。「驚きの展開」をつくり込むことには、語り手にとってもメリットがあります。聴き手の予想の一歩先へ行こうとするため、その場面で聴き手がどのような状態にあるのかを熟考することになります。このことが、「心に響くプレゼント」をつくることや、「成功のイメージ」を実現することにつながるのです。

▼No.2 ▼No.3

＊TED「モノは少なく 幸せは大きく」（Graham Hill: Less stuff, more happiness）
http://www.ted.com/talks/graham_hill_less_stuff_more_happiness.html

Pattern No.8

驚きの展開

聴き手が何を予想しているかを考えて、そこからあえて外すことで意外性をもたらし、内容を印象づけよう。

No. 9

はてなの扉

Doors of Mystery

次々と謎が解決していく爽快感を。

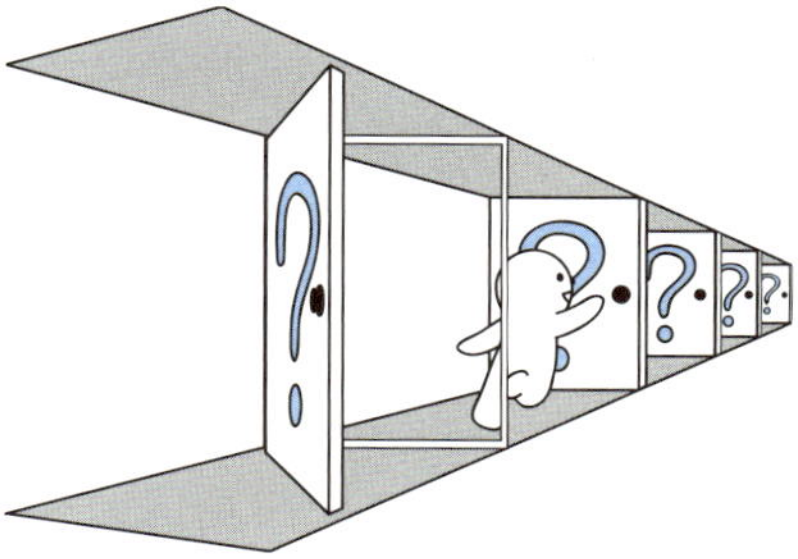

虹だって十五分も続いたら、人はもう見むかない。――ヨハン・ゲーテ

私にとって「面白い小説」とは、最初の一行を読んだら、次の行も読みたくなり、その行を読んだらまた次の行も読みたくなり……という風につながっていって、気がついたときには最後の行まで読んでいた――そんな小説のことだ。――保坂 和志

まずストーリィがちゃんとあって、どうなるんだろうという展開がある。エッセィなら、読者はどこでも、これは明日読もうって本を閉じちゃうんですけれど、小説はきりが良いところに来ても、「そのときだった」とかって書いてあると、そこでやめられませんよね（笑）。先を読まずにいられない。――森 博嗣

9 はてなの扉

「メインメッセージ」を聴き手に届けるための魅力的なストーリーができ、「メリハリ」のきいた表現や語り口で魅力的な「ストーリーテリング」ができそうです。

ところが、扱っているテーマが大きな話であり、答えに至るまでには順を追った説明をしなければならないときには、最後まで聴き手を惹きつけ続けるのは難しいことです。

途中で単調な時間が続くと、その後にどれだけ興味深いことが待っていたとしても、聴き手の集中力は切れ、心も離れていってしまいます。

そこで、最終的な答えに導くための小さな問いを設定して、それを一つずつ解決するという構成にして、聴き手が「その先を知りたい」という好奇心を持ち続けることができるようにしましょう。

これは、プレゼンテーションにおけるストーリーを、ミステリー小説や映画のように、次々と謎が生まれては解かれていくという展開にするということです。一つの謎が解決すると同時に新たな謎が生まれ、それを解決するとまた新たな謎が顔を出す。そのような「はてな（？）」の登場と解決の連続をつくる、いうならば、「はてなの扉」を仕掛けるのです。

Context ― No.1　Problem ― No.7　Solution ― No.4

まず最初に、究極の「問い」もしくは「謎」Xを決めます。そして、そのXにたどり着くための最初の問い・謎Aを立てます。そのAを説明し、そのAを解決します。すると、当然浮かんでくる問い・謎Bが登場します。そのBを解決すると、今度は問い・謎Cが現れます。このような問い・謎の登場と解決を何度か繰り返し、最終的には究極の問い・謎Xに対する答えを得ます。このような展開であれば、プレゼンテーションの間、聴き手は先へ先へと進みたいという気持ちになります。

このような展開をつくるときに注意すべきことがあります。まず、究極の問い・謎Xは、聴き手が直感的に興味をもてるようなものでなければならないということです。そうでなければ、そこに至るまでの小さな問いの答えも知りたいとは思えないからです。そこで、聴き手は何に興味があり、何をどこまで知っているのかをしっかりとイメージし、どのような問い・謎であれば好奇心を持って聴くことになりそうかをしっかり考えることが重要です。聴き手がすでに知っていることと、知らないであろうことのバランスをとりながら、好奇心をくすぐるような問い・謎を考えていくのです。

次に注意すべきことは、一つひとつの問いは、その度ごとにしっかりと解決されなければならないということです。次の問い・謎に進む前にきちんと解決され、「なるほど」「わかった」という小さな喜びを感じた上で、次の問い・謎に出会うことが大切です。そのためにも、一つひとつの問い・謎を適切なサイズと難易度にするように心がけます。大きな問い・謎にしてしまうと、必要な情報や説明が多くなり、解決までの道のりが長くなってしまうからです。

さらに、一つの問い・謎が解決したあとに続く、次の問い・謎は、ごく自然に発想されるものでなければなりません。Aが解決した後に、多くの人が「なるほど、それがそうならば、あれはどうなるのだろう?」「起きていることはわかった。でもなぜそうなったのか?」「それはどうやって可能だったのか」と心に抱く疑問を「先取り」して、次の問い・謎を設定するのです。展開が不自然であれば、聴き手は強引に違う方向に連れて行かれるという印象を持つでしょう。

「はてなの扉」がつくり込まれたプレゼンテーションでは、聴き手は受動的に話を聴くのではなく、好奇心を持って聴くことになります。また、ひとつのストーリーとしてのまとまりができるので、語り手にとっても、「ストーリーテリング」がしやすくなります。

▼
No.4

Pattern No.9

はてなの扉

小さな問い・謎の登場と解決の繰り返しによって、聴き手が好奇心を持って聴くことができるストーリー展開にしてみよう。

No. 10

ぶんび両道

Beautiful Clarity

分美(ぶんび)両道
——「分かりやすさ」と「美しさ」の両方の道を究める。

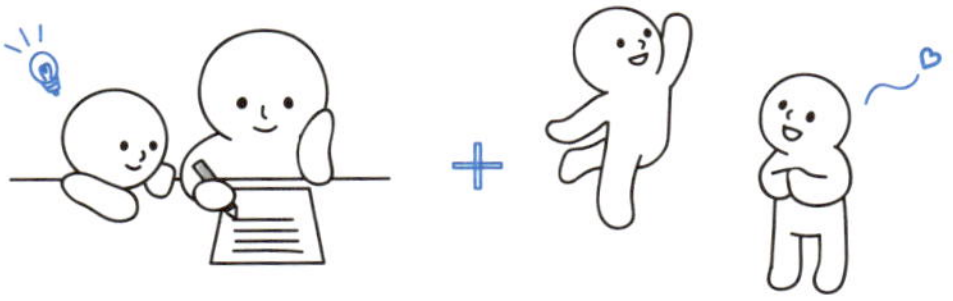

理性的なものはつねに美しいとは言えまいが、しかし、美しいものはつねに理性的である。—— ヨハン・ゲーテ

いいスコアは綺麗なんですよ、音符の配分が。ぱっと見てわかる。完成度の高い曲は音符の並び方がどのページを見ても美しい。いろいろな楽器の絡み方なんかも含めて、すべてがそこにあるべき形のように見えてくる。—— 久石 譲

何か新しいものを作るとき、それを作るのは実に複雑だから、作品はどうしても醜くなってしまうのだ。—— パブロ・ピカソ

10 ぶんび両道

これまで「メインメッセージ」を表現する「ことば探し」を行い、「図のチカラ」も活用してプレゼンテーションをつくってきました。それらがだいたいできたら、内容と表現の手直しをしていきます。

Context
No.1 No.5 No.6

その状況において、わかりやすさにこだわると見た目の美しさに欠けるものになり、逆に美しさを優先するとわかりにくい表現になってしまいがちです。

Problem

たとえば、口頭発表のスライドに文を入れるときに、小さな文字で書く方がスライド全体が引き締まり、スタイリッシュに見えるかもしれません。しかし、小さな文字は読みにくく、内容の理解を妨げることにもなりかねません。逆に、単に見やすいように文字を大きくすれば、誰にとっても読みやすいわかりやすいスライドにはなるかもしれませんが、スライドが大きな文字で埋まってしまい、格好悪い見た目になってしまいます。

そこで、わかりやすさと美しさを両立させるにはどうすればよいかを考えて、内容と表現の手直しをしていきましょう。

Solution

わかりやすさと美しさを両立させるというのは、「機能性」と「見た目」のバランスをとるということです。「この表現で内容がうまく伝わるか」ということと、「この表現は魅力的に見えるか」という両方を満たすように、内容と表現を直していくのです。わかりやすさと美しさの両方を重視することから、ここでは「ぶん《分》び《美》両道」と呼ぶことにします。「文武両道」が「文事（学芸）」と「武事（武芸）」の両方に努めるのと同じように、「ぶん《分》び《美》両道」は「分かりやすさ」と「美しさ」の両方に努めるのです。

　しかし、わかりやすさと美しさの両方を追求するというのは、二兎を追うことにはならないのでしょうか？　大丈夫です。わかりやすさと美しさは相反する別のものではなく、表裏一体のものだからです。きちんと整理された内容は、それを表現すると美しさをもちます。逆に、うまく整理されていない内容は、それを表現したときにごちゃごちゃとした見た目になってしまうものです。そして、美しくまとまっているものは、その内容をつかみやすく、理解がしやすくなります。しかし、ごちゃごちゃと複雑になっているものは、どこをどのように捉えて理解すればよいのかがわからず、混乱を生みます。

　ここで、少し具体的で実践的な話をしておきましょう。スライドに文を入れるときには、フォントや色、配置などを工夫することで、印象はだいぶ変わってきます。また、余白をうまくとることで印象のよいデザインになります。その一方で、同じことをもっと短いことばで表現できないかも考えてみましょう。的確なことばはわかりやすさと美しさの両方を実現します。そうやって、内容と表現を行ったり来たりしながら磨いていきます。行ったり来たりすることが重要であって、内容が出来上がったら表現に移るという線形的なプロセスではありません。

もう一つ実践的な例を挙げておきましょう。ある情報を整理するときに、三つにまとめるというのはよくやられる方法です。三という数字は不思議な数字で、多様性を彷彿させながらも、シンプルにまとまる数として知られています。表現の面でも三という数字は定番です。スティーブ・ジョブズやオバマ大統領を始めとして、多くの人が物事を三つにまとめて示すということを意識的に行っています。本書のプレゼンテーション・パターンの全体像も、全体も部分も、それぞれ三つに分かれるように整理されています（八頁「プレゼンテーション・パターンの全体像」参照）。

このように、わかりやすさと美しさの両方を意識してプレゼンテーションをつくれば、聴き手にとってわかりやすく惹き込まれやすいものになります。また、語り手もわかりやすさと美しさの両方を兼ね備えた表現に近づける努力をすることで、わかりやすさと美しさのバランス感覚が磨かれていきます。

Pattern No.10

ぶんび両道

わかりやすさと美しさが両立するように、内容と表現を行ったり来たりしながら手直しをしていこう。

No.11

適切な情報量

Perfect Portion

多すぎても、少なすぎても、わかりにくい。

デザイナーが自分の作品を完璧だと思うのは、付け加えるものが何もなくなったときではない。取り去るものが何もなくなったときだ。―― サン・テグジュペリ

加える代わりに、そぎ落としてゆくことは、ものごとの核心を見抜き、その真髄を伝えることである。―― ブルーノ・ムナーリ

良く喋り、能弁であることは、偉大な技術であるが、喋るのを止める適切な時を知ることも、同様に偉大な技術である。―― ヴォルフガング・アマデウス・モーツァルト

11 適切な情報量

「メインメッセージ」を表現する「ことば探し」を行い、「図のチカラ」も活用してプレゼンテーションをつくり、ようやくその全体が見えてきました。

そのとき、プレゼンテーションの情報量が多すぎても少なすぎても、聴き手に伝えたいことはうまく伝わりません。

情報が多すぎると、聴き手はどの情報に注目すればよいのかわからなかったり、その時間内に理解できなくなったりしてしまいます。逆に、情報が少なすぎると、聴き手に自分の知識で補う努力を強いることになったり、十分に内容を理解できなかったりします。

そこで、プレゼンテーションの全体でも部分でも、情報量が適切になるように調整しましょう。

「適切な情報量」を実現するためには、「語り手の立場」と「聴き手の立場」の二つの立場からチェックします。語り手の立場からのチェックでは、伝えるべき内容が過不足なく入っているかを確認します。聴き手の立場からのチェックでは、そのプレゼンテーションを初めて聴く人がきちんと理解できるものになっているのかを確認します。

語り手の立場からのチェックは、「メインメッセージ」を伝えるために必要な情報が全体に

Context ▼No.1 ▼No.5 ▼No.6 Problem

Solution ▼No.1

きちんと入っているか、そして、各部分にもそれが反映されているかを調べます。せっかくがんばって調べたからという理由や面白い話だからという理由で、情報量が多くなりがちなのですが、そういうものは思い切って削ります。余計な情報は、聴き手が話の文脈を追うことを難しくして、混乱や誤解を生みます。そうなってしまっては元も子もありません。また、最初の段階では必要だと思っていた情報のなかにも、全体ができた後に振り返ってみれば、必ずしも必要ではないと思えるものがあるはずです。それらもこの段階で削ったり整理したりします。これが語り手の立場からのチェックです。

他方、聴き手の立場からのチェックは、最初から順にプレゼンテーションを見ていきながら確認します。完全に聴き手の立場に立ってプレゼンテーションに向き合うというシミュレーションを行うのです。語り手はその後に出てくる話や、背景にある考え方などを知っていますが、聴き手は違います。聴き手にわかるのは、その時々に提示されていることと、それまでに語られたことだけです。それだけできちんとわかるようになっているかどうかを、聴き手の立場から確認していくのです。頭の中を一度真っ白にして、実際に文字を読み、図を理解しようとしてみましょう。

実は、聴き手を圧倒させるために、あえて圧倒的な量の情報を提示するというやり方もなくはありません。誰も読めないほどの小さな文字で大量の文を掲載するというような場合です。インタビューの全文の流れを強調したり、膨大なデータを示したりする場合です。しかし、これは視覚的な効果を狙っているのであって、その内容を理解してもらうために提示しているのではありません。情報を提示する目的が違うのです。やはり基本は、聴き手が理解できる「適切な情報量」を心がけるべきなのです。

多すぎる情報量を減らすときには、無駄な部分を削ぎ落とすだけでなく、ことばで説明しているところを図示して「図のチカラ」を活かしたり、「イメージの架け橋」や「リアリティの演出」によって直感に訴えるようにするのもよいでしょう。「ぶんび両道」を目指すためにも、「適切な情報量」になるようにしましょう。

このように、語り手の立場と聴き手の立場の両方の視点で「適切な情報量」になるように調整することで、聴き手はプレゼンテーションの内容を捉えやすくなります。また、プレゼンテーションの内容や表現を吟味することになるので、語り手にとっても理解や考えが深まることにつながります。

▼ No.10 ▼ No.14 ▼ No.13 ▼ No.6

Pattern No.11

適切な情報量

全体から部分のあらゆるレベルにおいて、情報量が適切になるように調整しよう。

No.12

魅力のちょい足し

Cherry on Top

ちょっとした魔法で、
プレゼンテーションに命を吹き込む。

魅力とは明瞭な質問をしなくてもイエスと言ってもらう方法である。―― アルベール・カミュ

ほんとうのギャグとは――。一生懸命やった人が、なにかの拍子にわれを忘れて日常的な行動からはみ出してしまう ―― そういうものだろう。たとえば、美しくやさしいお姫さまが、恋人の危機をすくうために賊を蹴とばしてしまう ―― といったものだ。それでいて、お姫さま像がこわれるかといえば、そうではなく、急にお姫さまが人間として生きてくるのである。―― 宮崎 駿

「弱さ」は「強さ」の欠如ではない。「弱さ」というそれ自体の特徴をもった劇的でピアニッシモな現象なのである。―― 松岡 正剛

12 魅力のちょい足し

「メインメッセージ」が伝わりやすいように、「ぶんび両道」を目指し、「適切な情報量」になるように、プレゼンテーションをつくってきました。

そのような状況において、聴き手を惹きつけ、その心を動かすには、まだ魅力に欠けているということがあります。

すでに内容がとてもわかりやすく、見た目も美しく仕上がっていて、提示すべき情報も過不足なく入っているので、そのままでも問題はありません。しかし、それだけでは聴き手を魅了するには何かが足りないということがあるのです。

そこで、話の文脈や内容の理解の妨げにならない程度に、付加的な魅力を加えていきましょう。

魅力の足し方には、「笑い」、「弱さ」、「こだわり抜いたつくり込み」など、いくつかの種類があります。

「笑い」によって魅力を加えるときには、語り手の人間らしさがポロッと出ることで笑いを引き出すのが理想的です。宮崎駿さんのことばにあるように、「美しくやさしいお姫さまが、恋人の危機をすくうために賊を蹴とばしてしまう」の見て、思わず笑顔がこぼれてしまう、そ

Context Problem Solution

No.1 No.10 No.11

ういう類いの笑いです。この手の笑いは、誰かを陥れて笑うタイプの笑いとは違って、人間としての語り手を垣間見せ、共感を生みます。大爆笑を狙うのは難しいかもしれませんが、クスクスっという笑いを引き出すことができれば成功です。プレゼンテーションのなかで三回くらいは笑わせようと心がけている人もいます。笑いがあることで、聴き手の心がほぐれて、リラックスして聴くことができるようになります。

自分の「弱さ」を少し見せることで、魅力を加えることもできます。プレゼンテーションのなかで、成果に至るまでの失敗や人生における挫折について語ると、人間味が出て、聴き手の共感を呼ぶことにつながります。プレゼンテーションのほとんどの時間は、成果や成功を語ったり、そのための紹介や説明がなされます。そのとき、「実は、この成果・成功に至るまでには挫折があった」という話や、「いまはこういう考えをしている私も、以前は悩んでいた」という話が入ることで、聴き手に、語り手への共感の余地が生まれます。語り手が最初に心を開くことで、聴き手も心を開いてくれるというわけです。

さらに、「こだわり抜いたつくり込み」で魅力を加えるという方法もあります。その部分が、語り手の「その人らしさ」を醸し出すのです。プレゼンテーションを「細部へのこだわり」を持って徹底的につくり込むことは当然として、それとは別に、ある意味どうでもよい部分にトコトンこだわっているプレゼンテーションには、思い入れや愛着を感じます。

過去の自分についてのエピソードに「笑い」や「弱さ」を加えて「魅力のちょい足し」をし

▼
No.16

ているものに、エリック・ウィテカーのTEDトーク「バーチャル合唱団二〇〇〇人の声」(Eric Whitacre : A virtual choir 2,000 voices strong)＊があります。どのようなものかは実際に見ていただくのが一番ですが、この講演の後半には、「こだわり抜いたつくり込み」も登場するので、その部分もぜひ味わってみてください。

「魅力のちょい足し」をするときに注意が必要なのは、それを考えるのが楽しいからといって、そればかりに時間をとられないようにすることです。また、その付加的な部分が膨《ふく》らんでしまって、冗長性が増したりすることがないように注意が必要です。あくまでも「魅力のちょい足し」は、聴き手への「心に響くプレゼント」をより魅力的にするための工夫だと考えましょう。

このように、プレゼンテーションにちょっとした魅力を加えていくことで、プレゼンテーションに命が吹き込まれ、いきいきとしたものになります。聴き手は笑いや共感、愛着を感じて、プレゼンテーションにより惹きつけられるようになります。

＊TED「バーチャル合唱団二〇〇〇人の声」(Eric Whitacre : A virtual choir 2,000 voices strong)
http://www.ted.com/talks/eric_whitacre_a_virtual_choir_2_000_voices_strong.html

No.2

Pattern No.12

魅力のちょい足し

「笑い」、「弱さ」、「こだわり抜いたつくり込み」など、自分らしさが出るような魅力を加えていこう。

Column パターン・ランゲージという方法

プレゼンテーション・パターンは、「パターン・ランゲージ」という方法にもとづいてつくられています。パターン・ランゲージとは、建築家のクリストファー・アレグザンダーが提唱した知識記述の方法です。アレグザンダーは、建物や街の形態に繰り返し現れる法則性を「パターン」と呼び、それを「ランゲージ」（言語）として記述・共有することを提案しました。彼が目指したのは、街や建物のデザインについての共通言語をつくり、誰もがデザインのプロセスに参加できるようにすることでした。

パターン・ランゲージでは、デザインにおける問題発見・解決の経験則を「パターン」という単位にまとめます。パターンには、「ある状況（context）においてどのような問題（problem）が生じやすく、それをどう解決（solution）すればよいのか」が記述されています。解決といっても、マニュアルやレシピのように具体的な手順が書かれているわけではありません。そこに書かれているのはあくまでも「解決のためのヒント」です。そのため、パターンを利用するときには、自らの状況に応じて自分なりに具体化して実践することが求められます。

また、それぞれのヒントがパターンという小さな単位で記述されていることも、パターン・ランゲージの大きな特徴です。パターン・ランゲージが目指しているのは、「これをこの手順でやるべし」というひとつの大きな枠にはめ込むことではなく、いまの自分のやり方をベースとしながら少しずつ拡張・成長していくことを手助けすることです。各自の創造性を誘発し、現状を肯定しながら成長・拡張することを支援するために、このような特殊な形式をとっているのです。

さらに、パターン・ランゲージでは、「状況」「問題」「解決」の組み合わせに対して、「名前」がつけられています。パターンを「ことば」として扱えることが、パターン・ランゲージが「ランゲージ」(言語)と呼ばれる所以《ゆえん》です。パターンは共通言語となることが目指されています。ぜひ読者のみなさんも、プレゼンテーションについて語るときには、プレゼンテーション・パターンのパターン名を使って語ってみてください。

パターン・ランゲージの考え方は、建築の分野から始まり、ソフトウェア分野で普及したものですが、現在はインタラクション・デザイン、組織デザイン、教育デザインなどにも応用され始めています。慶應義塾大学 井庭研究室では、本書で紹介している「プレゼンテーション・パターン」のほかに、創造的な学びのパターン・ランゲージである「ラーニング・パターン」や、創造的コラボレーションのパターン・ランゲージである「コラボレーション・パターン」も制作しています。本書を皮切りに、「パターン・ランゲージ・ブックス」シリーズとして刊行していきます。お楽しみに!

II 魅せ方に関するパターン

II　魅せ方に関するパターン

プレゼンテーションを「心に響くプレゼント」にするためには、実感してもらえる工夫、徹底した仕上げ、能動性を誘発する仕掛けが重要となります。

プレゼンテーションで語ることを実感してもらうためには、まず、メタファーや具体例を挙げて、聴き手との間に「イメージの架け橋」をかけるようにします。また、実物や現場をリアルに感じられるような「リアリティの演出」や、聴き手が受動的に聴くだけにとどまらないような「参加の場づくり」をするのもよいでしょう。

そして、仕上げの段階では、出来上がりつつある全体を踏まえながら「細部へのこだわり」を持つことが大切です。そして、他の人のプレゼンテーションから「表現のいいとこどり」をしたり、聴き手の立場からみた「不快感の撲滅」をしたりすることで、よりよいプレゼンテーションを目指します。

聴き手の能動性を誘発するための工夫としては、すべてを完全に提示するのではなく、聴き手が自ら考えたくなるような「スキマをつくる」という方法があります。プレゼンテーションのあとに具体的な行動をしやすくなるような「きっかけスイッチ」を押したり、聴き手がプレゼンテーションの内容を思い出し、周囲の人にも語りやすいような「テイクホームギフト」を贈ることで、聴き手が後に考えを深めたり、他の人に語ったりすることができるようになります。

No.13

イメージの架け橋

Mind Bridge

「たとえ」をつかってわかりやすく。

私たちは言葉にできるより多くのことを知ることができる。……私たちのメッセージは、言葉で伝えることのできないものを、あとに残す。そしてそれがきちんと伝わるかどうかは、受け手が、言葉として伝え得なかった内容を発見できるかどうかにかかっているのだ。――マイケル・ポランニー

言葉は、共有する記憶を表す記号なのです。仮に私がある言葉を使えば、皆さんはその言葉の意味するものを、なにほどか経験することになる。……私の考えでは、われわれは暗示することしかできない。つまり、読み手に想像させるように努めることしかできない。――J. L. ボルヘス

13 イメージの架け橋

プレゼンテーションを「心に響くプレゼント」になるようにつくり込んでいるのですが、伝えたいことが聴き手に馴染みのない話だったり、難しい内容だったりすることがあります。

その状況において、いくらことばを重ねて説明しても、伝えたいことを理解してもらうのは困難です。

伝えたいことが聴き手にとって馴染みがない話であったり、難しい内容であったりすればするほど、念入りな説明をしようとして、ことばを重ねてしまいがちです。しかし、いくらことばで説明をしても、聴き手の理解が深まるとは限りません。聴き手は、語り手が頭のなかでイメージしていることをつかむことができなければ、いくらそれについての情報を得ても、それをどのように組み立ててよいのかがわからないままなのです。

そこで、聴き手が想像できるような喩えや具体例を交えて表現し、大づかみに理解できるような手助けをしましょう。

そうすることで、聴き手は直感的にイメージを膨らませることができ、そこで語られていることを吸収しやすくなります。このような手助けをしてくれるのが、二種類の「たとえ」――

Context
▼
No.2
Problem
Solution

「喩《たと》え」（メタファー）と「例え」（具体例）です。

語り手と聴き手をつなぐ「イメージの架け橋」の一つめは、メタファー（隠喩）です。メタファーとは、ある物事Aを別の物事Bと見立てて理解しやすいようにする方法です。たとえば、「人生とは旅である」というメタファーは、対象である「人生」（A）を、「旅」（B）と捉えることで「人生」というものが理解しやすくなります。「人生」は目に見えないものであり、長い時間をかけなければわからないので、メタファーで理解することが適しています。

二つめの「イメージの架け橋」は、「具体例」です。抽象的な話を具体的な例を挙げて理解しやすくします。たとえば、小説では、具体的な誰かの人生を描くことで、人生とはどういうことかを理解しやすくしてくれます。

ここで一つ、「イメージの架け橋」を見事に行っている実例を紹介しましょう。ハンス・ロスリングのTEDトーク「増え続ける世界人口」（Hans Rosling on global population growth, box by box*）です。この講演で彼は、人口の規模を「箱」（衣装ケース）を使ってわかりやすく説明しました。一つの箱を十億人とし、その数を増やすことで人口成長を表し、位置を変えることで経済発展の度合いを示しました。さらに、経済の成熟度をイメージしやすくするために、車や飛行機の模型も持ち出します。このように、人口規模や経済発展というつかみどころのない概念を、わかりやすいメタファーや具体例を用いることで、誰にとっても理解しやすいものにしました。まさに聴き手との間に「イメージの架け橋」をつくっているのです。彼の魅せ方が巧みなのは、最初に「箱」という身近なものを用いて大づかみのイメージを持ってもらった後に、アニメーションによって世界人口の変化の動きを感じてもらうという構成になっている点です。わかりやすい静的（スタティック）なイメージから始めて、動的（ダイナミック）なイメージへと進めていく点など、実に巧みです。

このように、「イメージの架け橋」を設けることで、聴き手もイメージがしやすくなり、プレゼンテーションの内容を理解できるようになります。また、語り手にとっても、ことばを重ねて念入りに説明しなくて済むようになるので、それ以外のところに時間と労力を割くことができるようになり、より魅力的なプレゼンテーションをすることにつながります。

＊TED「増え続ける世界人口」（Hans Rosling on global population growth, box by box）
http://www.ted.com/talks/hans_rosling_on_global_population_growth.html

Pattern No.13

イメージの架け橋

聴き手が想像できるような「メタファー」（喩え）や「具体例」（例え）を用いて、聴き手が内容を理解しやすくなるような工夫をしよう。

No.14

リアリティの演出

Reality Sharing

つかみきれない「感覚」を共有する。

言ったことなど忘れられてしまう。したことも忘れられてしまう。でも、感じさせたことが忘れられることはない。―― マヤ・アンジェロウ

小説においては、見せることができるなら語るな、が鉄則である。―― スティーヴン・キング

遠くを見ることと、そこに行くことは、まったく異なる。―― コンスタンティン・ブランクーシ

14 リアリティの演出

プレゼンテーションが「心に響くプレゼント」になるようにつくり込んでいるとき、聴き手と経験や感覚を共有したいと考えています。

その状況において、いくらことばを尽くしたり、図で説明したりしても、経験や感覚をうまく伝えるのは難しいことです。

ことばや図で表現できることには限界があります。また、経験や感覚について「説明」することは難しいものです。

Context ── Problem ──

▼ No.2

そこで、共有したい経験や感覚のリアリティを、聴き手自身が感じることができるような演出をしましょう。

Solution ──

会場に実物を持ってきたり、映像や写真を効果的に使ったり、デモンストレーションを行ったりすることで、聴き手にリアリティを感じてもらえるように工夫するのです。そのような工夫をすれば、語り手が多くを語らなくても、モノ自身が語ってくれます。しかも、そのまわりの空気感を伝えることもできます。聴き手が自分自身で感じることができれば、もはや細かな説明はいらなくなります。プレゼンテーションが体験の場となるのです。

このことは、小説や映画を考えてみると、わかりやすいでしょう。小説や映画は、その世界を読者・鑑賞者に体験してもらうようにつくられています。世界の一部を切り取って見せてくれるのです。読者・鑑賞者は、その世界の「体験」のなかで感動することができます。もしこれが、世界の「説明」を受けただけであれば、感動などできないでしょう。その世界を「体験」することと「説明」を受けることは明らかに異なる経験なのです。プレゼンテーションにおいても、聴き手にリアリティを感じてもらうためには、「説明」ではなく「体験」を提供することが大切です。

「リアリティの演出」の例に、デレク・シヴァーズのTEDトーク「ムーブメントの起こし方」(Derek Sivers: How to start a movement) *があります。彼はリーダーとフォロワーの関係という話を、一つの映像を見せながら語っていきます。三分間のトークのなかで文字は一切登場せず、映像だけを使って、とても実感しやすいプレゼンテーションになっています。

もう一つ、デブ・ロイのTEDトーク「はじめて言えたとき」(Deb Roy: The birth of a word) **も「リアリティの演出」がふんだんに行われています。この講演で取り上げられている彼の研究は、その発想もアプローチもかなりユニークで突き抜けています。突き抜けているがゆえに、研究手法や研究成果の説明を聴くだけでは、なかなかイメージすることができません。彼のプレゼンテーションが素晴らしいのは、魅せ方にも相当こだわり、リアルに感じてもらうための工夫をふんだんにしていることです。たとえば、部屋のあちこちにビデオカメラを設置したという「説明」だけでなく、その録画映像をすべて概観できるようにして見せたり、部屋のどの部分でどの言葉が多く発せられたのかというランドスケープ（地形）を、実際の映像や音声とともに見せたりと、かなりイメージしやすくなるように表現してくれています。

このようにリアリティを感じられる演出の結果、聴き手は、語り手が共有しようとしている経験や感覚を、自分自身で感じることができるようになります。このことによって内容が理解しやすくなるだけでなく、印象にも残りやすくなります。聴き手は単に「説明」を受けるのではなく、プレゼンテーションが一種の「体験」となるのです。さらに、語り手にとっても、自分の経験や感覚を出発点とした上で話を展開できるようになるので、さらに深い話ができるようになります。

*TED「ムーブメントの起こし方」(Derek Sivers: How to start a movement)
http://www.ted.com/talks/derek_sivers_how_to_start_a_movement.html

**TED「はじめて言えたとき」(Deb Roy: The birth of a word)
http://www.ted.com/talks/deb_roy_the_birth_of_a_word.html

Pattern No.14

リアリティの演出

共有したい経験や感覚のリアリティを、聴き手が自分自身で感じることができるような演出をしよう。

No.15

参加の場づくり

Participation Driver

聴き手とともにつくり上げるプレゼンテーション。

「参加（participation）」という言葉は、どんな意味だろうか？ 実は、二つの意味がある。早く用いられたのは、「分かち合う」という意味だった。……二つ目の意味は、「参加する」というもので、人を何かに加わらせることだ。……こうした考え方からは、対象と主体との分離は生まれてこない。—— デヴィッド・ボーム

聞いただけなら忘れてしまう。教えてもらえば覚えられる。関わらせてくれたなら学ぶことができる。—— ベンジャミン・フランクリン

15 参加の場づくり

プレゼンテーションが「心に響くプレゼント」になるように、プレゼンテーションのつくり込みを行っています。

ところが、どんなに入念に準備したとしても、聴き手が受け身になって聴いているだけでは、次第に集中力が途切れたり、飽きてきたりしてしまいます。

とはいえ、聴き手を「聴く」ことに集中させようとすることは難しいことです。人の気持ちを直接コントロールすることはできないからです。

そこで、プレゼンテーションのなかで、聴き手が能動的に参加できる場面や仕掛けをつくりましょう。

聴き手がただ「聴く」のではなく、何かの行為をするように促すのです。人の気持ちを直接コントロールすることはできませんが、行為を促すことで能動的な気持ちを醸成《じょうせい》することはできます。時間が許すのであれば何かの作業をしてもらってもよいのですが、もっと簡単に聴き手に「参加」してもらう方法があります。

一つめの方法は、プレゼンテーションの途中に簡単な質問をして、該当者に手を挙げてもら

Context
Problem
Solution
No.2

うというものです。質問の答えに該当する人がどのくらいいるのかを見て、それを話題にすることができます。そうすることで、語り手の話をただ聴いているというモードから、自分で考え、手を挙げ、他の聴き手のことを見るという能動的なモードに切り替わります。マイケル・サンデル教授の授業（白熱教室）のように意見を言ってもらうのもよいのですが、日本人の場合、そのような発言をするのが苦手な人が多いので、場を萎縮させてしまう可能性があります。ここでの目的は聴き手をプレゼンテーションにつなぎとめておくことなので、逆効果にならないように気をつけましょう。

二つめの方法は、プレゼンテーションのなかで語ったことについて、聴き手同士で話してもらうというものです。プレゼンテーションで語られたことについて確認し合ったり、それに対する感想をお互いに話してもらうのです。つまり、聴き手同士でプレゼンテーションの内容についておしゃべりをしてもらうということです。誰かと一緒に映画を観たときに感想を話した経験があると思いますが、同じようにプレゼンテーションについておしゃべりできる時間を設けるのです。人は聴いたことを自分のことばで話したときに、より理解が深まるものです。「はなす（話す）ことでわかる」のです。

聴き手同士で話してもらう場合には、席に座ったまま、隣の人と話をするようにするとよいでしょう。知り合いであればいきなり内容について話し始め、そうでなければ簡単な自己紹介をしてから話すようにします。そうすることで、これまでの「語り手」対「聴き手」という構図だった場が、「聴き手」と「聴き手」の横のつながりがある場に変わります。聴き手は語り手を見ている孤独な存在ではなくなり、聴き手同士の一体感が生まれるのです。

実際にやってみると、驚くほど聴き手の表情が和み、場の雰囲気が変わるのがわかります。それまでの停滞していた空気が動き出します。このような対話は、プレゼンテーションの途中や最後に行うのが普通ですが、一番最初に「どのような意図・目的でこのプレゼンテーションを聴きにきたのか」を聴き手同士で話してもらうという手もあります。聴き手が自分の意図・目的を再確認する機会をつくるとともに、場を和ませるアイスブレイクにもなります。

このように、何かの行為をしているうちに、聴き手は能動的なモードにシフトしていきます。その場を楽しく感じて、眠気も飛び、集中力を取り戻すことができるでしょう。そして、一緒に場をつくるという経験は、聴き手にとって印象深く特別なものになるでしょう。語り手にとっても、そのような雰囲気のなかで行うプレゼンテーションは、やりやすいものです。

Pattern No.15

参加の場づくり

聴き手がただ受け身になるのではなく、手を挙げたり、他の聴き手と話したりするような簡単な参加の方法を考えてみよう。

No.16

細部へのこだわり

Quality in Details

全体のクオリティは細部に宿る。

良好《グッド》は偉大《グレート》の最大の敵である。偉大だといえるまでになるものがめったにないのは、そのためでもある。── ジェームズ・C・コリンズ

自分が書いた文章を読みなおすと、単語について、文節、文章、そしてもっと大きいかたまりとしての文章について、これはこのままにしておいてはならない、と感じられるところが眼につく。少なくとも、違和感がある。そこでその点をいじってみる。そこから、書きなおしの作業が始まるのだ。── 大江 健三郎

素晴らしいことというのは衝動ではなく、小さなことの積み重ねから生まれるのだ。── ヴィンセント・ヴァン・ゴッホ

16 細部へのこだわり

プレゼンテーションを「心に響くプレゼント」にするために、「イメージの架け橋」や「リアリティの演出」などの工夫をした上で、さらによいものにするために仕上げを行っています。

そのとき、全体が出来上がってくると作業の手が緩んでしまい、クオリティをしっかりと高めきれないということがよくあります。

終わりが見えてくるとつい安心してしまうものです。しかも、詰めの作業はつらくて厳しいため、それを避けようとする気持ちが生じやすくなります。

そこで、全体ができたことで初めて細部の修正ができると考え、その修正にこだわりを持って取り組むようにしましょう。

プレゼンテーション全体が見えてきて初めて、個々の部分の役割や意味を明確に特定できるようになります。また、全体を見ることで初めて、流れをチェックすることができるようになります。そのようなチェックのなかで違和感を感じる部分があれば、その違和感の正体を見い出しながら、修正・調整を行っていきます。そして、また全体を見て、流れやバランスをチェックします。このように、全体と部分を行ったり来たりしながら修正・調整をしていきます。

Context　Problem　Solution

No.2　No.13　No.14

つくっているものの全体のクオリティは、直接つくり込むことはできません。直接つくり込むことができるのは細部のクオリティであり、その細部のクオリティが全体のクオリティを生み出すのです。文章のなかの一字一句、イラストの一ピクセルの差異、ちょっとした色合いの違い、そのような細部の積み重ねが全体のクオリティを左右するのです。そのようなわずかな差異に敏感になり、修正・調整をしていくのです。クオリティを上げることはとてもつらいことでもあります。注ぎ込む努力のわりに、少しずつしか改善が見えないからです。調整・修正すべき「細部」は膨大にあるため、絶望的な気持ちになるかもしれません。しかし、そのわずかな差異によって、全体のクオリティは変わり、ときには激変することさえあるので、根気よく地道に続けるしかありません。

「細部へのこだわり」をもった調整・修正には、際限がありません。いうなれば、「努力はアナログ、結果はデジタル」なのです。結果（評価）は、究極的に言えば、「素晴らしい」（Great!）か「そうでない」かのどちらかです。間はなく一か◯の二値、つまりデジタルの世界です。しかしながら、仕上げの努力は、◯.◯一でも◯.◯◯◯◯一でも積み上げることができるアナログの世界です。そうやって粘り強く、ひたすらクオリティを上げることに専念した場合にのみ、素晴らしいものができ上がるのです。最後は細部のわずかな変化を起こすために膨大な努力をするのでとても苦しい作業になりますが、これは不可欠なことなのです。

宮崎駿さんはアニメの原画を描くとき、自分の生理に合う線や動きが見つかるまで描き直すといいます。プレゼンテーションの調整・修正も、まさにこのこだわりの感覚が大切です。自分や自分たちの感覚に本当にフィットするものでなければ、他の人に馴染《なじ》んだり、共感してもらったりできるわけがありません。他の人の心を動かそうと思うのであれば、こだわり抜いたつくり込みは不可欠です。

そう考えると、最後までこだわり抜いてつくることができるかどうかは、自分（たち）がつくっているものへの愛、このクオリティでなければならないという美意識、その創造の苦難の先に必ず光あふれる世界があるという信念を持てるかどうかにかかっています。

このようにして細部までこだわると、高いクオリティのプレゼンテーションができます。そのこだわりが、そのプレゼンテーションへの「自信感の構築」にもつながります。

▼
No.24

Pattern No.16

細部へのこだわり

全体を踏まえた上で、違和感を一つずつ無くすように、徹底したこだわりを持って細部の修正・調整に取り組もう。

No.17

表現のいいとこどり

Expression Coordinator

いいものをアレンジして、自分のものにする。

優れたアーティストは真似る。偉大なアーティストは盗む。―― パブロ・ピカソ

一人の作家から盗むと盗作だが、たくさんの作家から盗むと研究になる。―― ウィルソン・ミズナー

もっとよい方法があるはずだ。それを見つけなさい。―― トーマス・エディソン

17 表現のいいとこどり

プレゼンテーションを「心に響くプレゼント」にするために、「イメージの架け橋」や「リアリティの演出」などの工夫をした上で、さらによいものにするために仕上げを行っています。

その状況において、新しい発想が出てこないため、いつもと同じような表現になってしまうことがあります。

創造的思考には発散思考と収束思考のモードがありますが、プレゼンテーションをつくり込んでいる収束思考のときには、新しい発想をする発散思考は働きにくいものです。そうすると、いつもの無難な表現に落ち着いてしまいがちです。しかし、同じようなやり方でやっていると、表現に成長・進化がなくなり、語り手もマンネリで緊張感がなくなってしまいます。

そこで、いろいろな人のプレゼンテーションを見て、自分に活かせそうな魅せ方を取り入れ、少しずつ自分のやり方を拡張していきましょう。

ここでいうプレゼンテーションというのは、講演や口頭発表だけでなく、小説、映画、演劇、ダンス、演奏、ポスター、冊子、広告、スポーツなど広い意味で捉えます。それらの表現やパフォーマンスをいろいろ見ながら、表現の仕方や話し方、場のつくり方などで、よいと思うも

Context Problem Solution

No.2 No.13 No.14

のを自分の表現に取り入れて実践するのです。

「表現のいいとこどり」をするためには、他の人のプレゼンテーションを「内容」ではなく「表現」に注目して見ることが大切です。普段私たちは内容を理解しようとしてプレゼンテーションを聴いていますが、表現を意識して見ることで、まったく違う面が見えてきます。このことは、「ことば探し」の場合と同様です。

どこをどう見ればよいのかは、プレゼンテーション・パターンが参考になります。プレゼンテーション・パターンは「創造的プレゼンテーション」における表現のヒントをまとめているため、それを「認識のメガネ」として用いることで、プレゼンテーションをその観点から見ることができるようになるのです（一〇五頁のColumn参照）。

「表現のいいとこどり」をするときには、そのままコピー（模倣）するのではなく、自分の文脈に引きよせ、自分の好みと掛け合わせることで、アレンジします。なぜそうしているのかという意図を想像し、自分なりに解釈して、そのレベルから参考にするのです。そうすれば、参考にしたものは自分のなかに溶け込んで馴染《なじ》んでいきます。自分がこれまでやってきたことをベースにして、そこに他の人の優れた方法を取り入れるという姿勢が大切です。

有名な人から「表現のいいとこどり」をする場合には、特に注意しましょう。スティーブ・ジョブズの真似をして、プレゼンテーションの最後に「One More thing ……」と言って重大な発表をするというのは、あまりにも表面的な真似になってしまいます。一種のユーモアとし

▼No.5 ▼No.0

ては使えるかもしれませんが、本人のようには感動を生み出すことはできないでしょう。学ぶべきは、ストーリーの山場をどうつくるかという姿勢です。『英国式スキルアップ パブリック・スピーキング』（セーラ・ロイド・ヒューズ、ピアソン桐原）という本に、不快な手振り第六位として、トニー・ブレア元首相の真似というのが挙げられています。「『教育、教育、教育』という一本調子のスローガンと、手刀を切るようなしぐさ」のことです。イギリスならではという感じがしますが、わざわざ取り上げられているということは、そのような真似をする人が多くいるということなのでしょう。この場合も、言い方や手振りをそのまま真似るのではなく、強調の重要性や身振り手振りで伝えることの重要性を読み取って、自分らしい方法でそれを行うのです。

このように「表現のいいとこどり」をした結果、表現が豊かになり、魅力的なプレゼンテーションになるでしょう。そして、その過程で自らの「魅せる力」を育てることになり、「魅せ方の美学」の確立につながっていくのです。

▼ No.32

Pattern No.17

表現のいいとこどり

いろいろな人のプレゼンテーションを見て、自分に活かせそうな魅せ方を取り入れ、少しずつ自分のやり方を拡張していこう。

No.18

不快感の撲滅

Discomfort Removing

自分の知らない自分を知る。

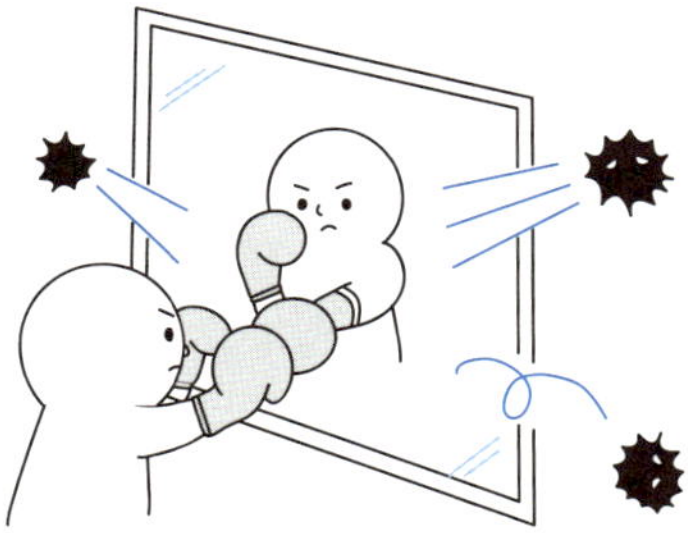

いちばん悪い欠点は、欠点を知らないことだ。―― プブリリウス・シルス

人は、欠点をそのままでは直せない。それには、まずその欠点を快く認めることが必要である。―― アンドレ・ジッド

音楽は決して耳ざわりであってはならない。むしろ耳を満足させ楽しみを与える、つまり常に " 音楽 " でなくてはなりません。―― ヴォルフガング・アマデウス・モーツァルト

18 不快感の撲滅

プレゼンテーションを「心に響くプレゼント」にするために、「イメージの架け橋」や「リアリティの演出」などの工夫をした上で、さらによいものにするために仕上げを行っています。

そこまでつくり込んだとしても、自分の気づかない癖や動作で聴き手に不快感を与えてしまい、台無しにしてしまうことがあります。

人は多かれ少なかれ話し方や振る舞いに癖や特徴を持っているものです。たとえば、「えー」や「あー」ということばを連発したり、マイクを口に近づけすぎて突然大きな音を出したり、逆に小さすぎて聴こえないというようなことです。それらは不快感を生み、聴き手が話に集中できなくなる可能性があります。

そこで、自分の不快な点を知る機会をつくり、それらをなくす努力をしましょう。

具体的には、自分のプレゼンテーションをビデオに撮って研究してみるのです。自分のプレゼンテーションをビデオで見るというのは気恥ずかしくて嫌だという人がいますが、そのプレゼンテーションこそが聴き手が見ているものに他なりません。語り手の責任として、見て直すべきところは直すという姿勢が大切です。

Context Problem Solution

No.2 No.13 No.14

自分が話しているところをビデオに撮って見てみると、特に声に違和感があると感じられるものです。自分が想像していた声と違うのです。自分が普段聴いている声というのは、他の人が聴いている声そのものではなく、自分が声を発した声が頭のなかで響くのを含んだ音なのです。たとえ自分が違和感を感じようとも、その声こそが他の人の耳に届いている声になります。最初は自分の声に違和感を感じたり、話し方を見て落ち込んだりするかもしれませんが、何度かチェックして直していくうちに、自然と認められるようになります。

自分の語りを、一度他の人になったつもりで聴いてみましょう。そして、「早口すぎるのをやめる」「間をとるようにする」「もっと元気に話すようにする」というような方針を決め、そうなるように努力するのです。

「えー」「あー」というつなぎ語をいれてしまっている人は、そのタイミングで呼吸をするようにすると解決できます。

マイクの扱いについてもチェックしましょう。まず、一番避けなければならないのは、マイクの集音部（金網やスポンジで覆われている丸い部分）を手で持つことです。この部分はマイクに吹きかけた空気が抜けるようにできているのですが、この部分を手で覆ってしまうと空気の逃げ場がなくなり、ハウリング（キーンという音が反響する）の原因になります。

また、手持ちのマイクの場合、マイクの位置は身体の動きとともに絶えず変わるので、口とマイクの距離を調整しながら話す必要があります。近すぎると突然大きな音になったり鼻息がマイクにかかったりして、スピーカーから大音量で会場に流れてしまいます。逆に、マイクを離しすぎると、声が小さくて聴き取りにくくなります。そうなると聴き手に過度の集中を要求することになってしまいます。普段からマイクに慣れるためには、カラオケなどでマイクとの距離感を意識するようにしてみるとよいでしょう。

ほかにも、プレゼンテーションの最中に棒立ちになっていないかや、逆に動きすぎて落ち着きがない感じになっていないかなどもチェックしましょう。また、何気なく言っている冗談が誰かを傷つけたり不適切な発言になったりしていないかや、独りよがりや傲慢に見えないかなどもチェックします。仲間と一緒にビデオを見ながらチェックし合う機会をつくるのもよいでしょう。

このように「不快感の撲滅」をした結果、聴き手は、余計なことにとらわれずに、プレゼンテーションの内容に集中することができます。また、語り手も自信を持ってプレゼンテーションに臨むことができるようになります。

Pattern No.18

不快感の撲滅

自分の話し方や声、振る舞いなどで不快な点がないかを知る機会をつくり、それらをなくす努力をしよう。

No.19

スキマをつくる

Triggering Blanks

意味のある省略をする。

「空」は完全な「無」と概念的に混同されやすいが、実際には無限の可能性を蔵している。―― 鈴木 大拙

なるべく多くの人に共感してもらうために、詞の世界に“のりしろ”をつくるのがポイントです。自分のことだけを歌ったり、主人公やストーリーを必要以上に決め込むような内容は、受け入れられません。人称やシチュエーションをはっきり限定せず、演出を聴き手にまかせます。―― 小室 哲哉

人から押しつけられた意見よりも、自分で思いついた意見のほうを、われわれは、はるかに大切にするものである。―― デール・カーネギー

19 スキマをつくる

「心に響くプレゼント」によって聴き手の能動的な反応や行動を引き起こす「創造的プレゼンテーション」になるように、プレゼンテーションの仕上げをしています。

そのような状況で、プレゼンテーションに情報を詰め込みすぎると、聴き手は理解することに必死で、自分で考えたり想像したりする余地がなくなり、受け身の姿勢になってしまいます。

能動的な反応や行動を引き出すために情報を提供することは必要なのですが、すべてを与えられてしまうと、聴き手は押しつけられたと感じてしまうかもしれません。

そこで、すべてを詳細に伝えるのではなく、聴き手が自分で想像しうる余地をつくるように工夫しましょう。

プレゼンテーションですべてを詳細に言うのではなく、聴き手に委ねる部分は自分の経験や解釈を挟み込む余地があるようにつくるのです。特定・限定しすぎると想像力を働かせる余地がなくなりますが、逆に情報が少なくても自由度が高すぎてイメージするのは難しくなります。主要なポイントは押さえながらも、詳細については聴き手の想像に委ねるという絶妙な「スキマをつくる」のです。

Context ⌟ Problem ⌟ Solution ⌟

▼ No.2 ▼ No.0

本書の冒頭で触れたように、小説では書き手はそこで描かれる世界のすべてを書くわけではありません（そのようなことはそもそも不可能です）。読み手は書かれていることを頼りに、残りの部分を自分の想像力で補ってイメージします。あまりに情報が少なすぎるとイメージできなくなってしまうので、書き手はそうならないように、必要な情報を選びながら書いていきます。

歌の歌詞でも、このような「スキマをつくる」ことが行われています。ひとつの歌詞に多くの人が共感できるのは、このためです。わかりやすい例として、ドリームズ・カム・トゥルーの「サンキュ．」*を取り上げたいと思います。ぜひＣＤやインターネットで曲や歌詞を探してみてください。この歌には、失恋をした女の子が公園で友達と話しているシーンが描かれています。かなり具体的な情景が書かれているのですが、よくよく見ると、実は一点だけまったく情報がなくわからないことがあります。それは来てくれた友人が、男性なのか女性なのかという点です。それについて特定する情報がないのでわからないのです。これは不備などではなく、どちらでも成り立つように歌詞が書かれているのです。

このことは、普通に歌を聴いているときにはまったく疑問を持ちません。聴き手は歌を聴きながら自分の解釈でどちらか一方をイメージしているからです。実際に調査をしてみると、男友達だと思う人と、女友達だと思う人にわかれます。ほとんどの人が、自分がイメージしていた方が当然だと思っていて、その質問をされてようやく他の可能性があり得たことに気づきます。これが、「スキマをつくる」ことの見事な例です。

実は、本書のプレゼンテーション・パターンも、「スキマをつくる」かたちで書かれています。それぞれのパターンには、プレゼンテーションをつくる上での本質が書かれていますが、ほとんど具体的なことは書かれていません。意図的にそうしているのです。しかしながら、読み手がそれまでの自分の経験を当てはめやすいように、またこれから行うことに適用しやすいように書いているつもりです。

絶妙に「スキマをつくる」ことで、聴き手にとっては、想像力を駆使して自分なりの解釈をする楽しみが生まれます。同時に、聴き手同士でも互いの解釈の違いを共有し合うというコミュニケーションを誘発します。つまり、聴き手の能動的な反応や行動を引き出すことにつながるのです。

＊ＪＡＳＲＡＣ出１３０００７５-３０１

Pattern No.19

スキマをつくる

内容のすべてを詳細に言うのではなく、聴き手が自分で想像力を働かせる余地をつくろう。

No.20

きっかけスイッチ

Activation Switch

次の行動に移すためのきっかけづくり。

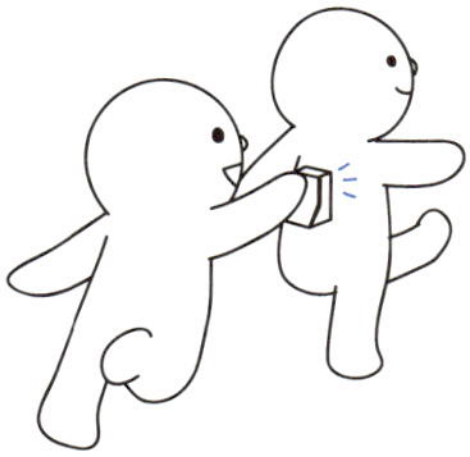

心とは、満たすべき器ではない。着火を待つ炎だ。―― プルタルコス

人を動かす唯一の方法は、みずから模範を示すことです。―― アルベルト・アインシュタイン

できると考え始めたとき、人は驚くべき力を発揮する。―― ノーマン・ビンセント・ピール

20 きっかけスイッチ

「心に響くプレゼント」によって聴き手の能動的な反応や行動を引き起こす「創造的プレゼンテーション」になるように、プレゼンテーションの仕上げをしています。

Context ┘

▼ No.2

その状況において、プレゼンテーションの内容は理解してもらえたとしても、聴き手の能動的な反応や行動につながらないことがあります。

Problem ┘

▼ No.0

聴き手にプレゼンテーションの後に強制的に何かをさせることなどできません。できることといえば、聴き手が自分で考え感じることを通して、自らの考え方や行動を変えるということです。そのような変化は、単に内容を理解してもらうだけでは起きにくいものです。

そこで、聴き手が考えや行動を変える最初の一歩を踏み出しやすくなるような「きっかけ」をつくり、聴き手の内発的なエネルギーに火をつけましょう。

Solution ┘

プレゼンテーションを通じて聴き手が創造的になるということには、いくつかの種類があります。語られた内容を「自分もやるべきだ」「自分にもできる」ということを発見する場合、提示された認識枠組みによって世界の見え方が変わる場合、語り手の志や挑戦、態度に刺激を受け、新しい生き方を見い出す場合です。語られた内容を「自分もやるべきだ」「自分にもできる」ということを発見する場合には、その意義と実行の容易さを理解してもらうことが大切になります。提示された認識枠組みによって世界の見え方が変わる場合には、「たとえば、こういう分野にも応用できるかもしれない」とか「こういうものとの組み合わせでまったく違うシステムができるだろう」というように、展開の可能性についての例を出すとよいでしょう。また、語り手の志や挑戦、態度に刺激を受け、新しい生き方を見い出す場合には、成果を生み出したプロセスや背後にある思想・哲学を示すことが大切になります。

「きっかけスイッチ」の例として取り上げたいのは、ミック・エベリングのTEDトーク「体の不自由なアーティストに自由を与える発明」(Mick Ebeling: The invention that unlocked a locked-in artist) *です。彼の話は、身体が不自由になったアーティストが再びアートを始められる装置の開発に成功したという、とても素敵な実話です。しかし、彼はこのプレゼンテーションを自分のプロジェクトの紹介では終わらせませんでした。最後のシーンで、聴き手に「不可能に思えることに出会ったら、それを可能にしよう。」(If you see something that's not possible, make it possible.) と語りかけます。そして「今でないとしたら、いつなんだ? 自分がやらなければ、誰がやるんだ?」(if not now, then when? if not me, then who?) と自分に問いかけるようにしてほしい、と訴えかけます。これが彼の「メインメッセージ」です。この締めくくりによって、それまで語ってきた話が「世界のどこかで起きた素敵な実話」ではなくなり、「不可能に思えることを可能にした」事例の一つになりました。プレゼンテーションの

▼
No.1

最後にこのような捉え直しをすることで、聴き手の「きっかけスイッチ」を押したのです。

口頭発表の最後のスライドで、「ご清聴ありがとうございました」と書いている人をよく見かけますが、それはスライドに文字として書くことではなく、口頭で伝えるべきことだと思います。その代わりに、「メインメッセージ」や「きっかけスイッチ」を押すことばを書いて、聴き手が最初の一歩を踏み出す支援をする方が「創造的プレゼンテーション」的です。

このようにきっかけをつくることによって、聴き手にとっては、プレゼンテーションが終わった後でも、自分自身で考え続けたり、実際に行動に移したりするようなきっかけになります。こうして、プレゼンテーションを通じて聴き手の新しい発想や発見、そして行動につながるという「創造的プレゼンテーション」が実現されるのです。

No.0 No.1 No.0

＊「体の不自由なアーティストに自由を与える発明」
(Mick Ebeling: The invention that unlocked a locked-in artist)
http://www.ted.com/talks/mick_ebeling_the_invention_that_unlocked_a_locked_in_artist.html

Pattern No.20

きっかけスイッチ

聴き手が自ら考え、次の行動を踏み出すためのきっかけをつくり、聴き手の内発的なエネルギーに火をつけよう。

No.21

テイクホームギフト

Take-Home Gift

自分の考え・アイデアが自然に広まる「お土産」をつくる。

必要なのは、世界に自分のアイデアを広めたいという思いだ。—— スティーブ・ジョブズ

与えることは最高の喜びなのだ。他人に喜びを運ぶ人は、それによって、自分自身の喜びと満足を得る。—— ウォルト・ディズニー

リーダーの仕事は、信奉者を増やすことではなく、リーダーを増やすことだ。
——ラルフ・ネーダー

21 テイクホームギフト

「心に響くプレゼント」

「創造的プレゼンテーション」によって聴き手の能動的な反応や行動を引き起こす「創造的プレゼンテーション」になるように、プレゼンテーションの仕上げをしています。

ところが、プレゼンテーションを聴いた人が大きな影響を受けたとしても、そこから次の人への広がりを期待するのはなかなか難しいことです。

どんなに素晴らしく創造的なプレゼンテーションだったとしても、それを聴き手自身が再現して他の人に示すことはまずできないからです。「すごく魅力的だった」「とても刺激的だった」という感想を伝えることはできても、何がどのように魅力的だったのかや刺激的だったのかを伝えることは困難なのです。これでは、プレゼンテーションの聴き手以外には影響が及ばず、スケールが大きくなりません。

そこで、プレゼンテーションの内容を魅力的なカタチにして、聴き手に贈り、聴き手が「語り部」になる支援をしましょう。

たとえば、プレゼンテーションの中で最も伝えたい内容を、魅力的なカードや小冊子にまとめ、それを聴き手に渡します。そうすることで、聴き手はプレゼンテーションの後、その場に

Context　Problem　Solution

▼No.2　▼No.0

いなかった人にも、それを見せながら語ることができるようになります。つまり、聴き手が、「創造的プレゼンテーション」のさらなる広がりを担う「語り部」となるのです。このようなお土産のことを、ここでは「テイクホームギフト」と呼ぶことにします。「テイクホーム」とは、家に持って帰ることができるという意味です。「これだけは覚えて帰ってほしい」という教訓のことを「テイクホームメッセージ」と言うのですが、そのギフト版です。

本書の筆者たちも、プレゼンテーションのたびに、「テイクホームギフト」として冊子やカードなどを配っています。プレゼンテーションを気に入ってくれた人が、後でそれを読んだり、友人・知人に見せてくれるかもしれないと考えるからです。これまでに一番印象的だったのは、国際学会で配った冊子を持ち帰ったオランダの大学の先生が、それを同僚に見せたところ、その同僚も気に入り、教育の現場に活かしたというのです。そして、翌年の学会で、その同僚がつくったものをもらい、創造の連鎖を実感しました。このようなことも「テイクホームギフト」があったからこそ起きた出来事です。

「テイクホームギフト」は、単なる配布資料とは異なります。プレゼンテーションで、スライドの内容を掲載した資料を配ることはよくありますが、それはあくまでも配布「資料」です。「テイクホームギフト」は、「資料」ではなく「ギフト」です。聴き手がもらって「うれしい」と思えるものでなければ「ギフト」とは呼べないでしょう。また、聴き手が他の人に見せたくなるようなものや、自分のデスクや本棚に飾っておきたくなるようなものを目指すのです。そのためにも、一般的な資料とは異なるサイズや質感にするというような工夫をしましょう。「テイクホームギフト」はただ渡すだけではなく、プレゼンテーションのなかで、それを少し使ってみたりするとよいでしょう。ギフトを贈ったときに、その場で箱を開けてもらうというイメージです。「参加の場づくり」の一環として行うと一石二鳥です。

このように、プレゼンテーションの魅力を詰めた「テイクホームギフト」をもらうことで、後でそのプレゼンテーションの内容を思い出すことができるようになり、他の人にもそれを伝えることができるようになります。「テイクホームギフト」は聴き手へのギフトであるとともに、そこから先の「創造的プレゼンテーション」の広がりを担うメディアでもあるのです。

▼ No.15
▼ No.0

Pattern No.21

テイクホームギフト

プレゼンテーションの内容を魅力的なカタチにして聴き手に渡し、聴き手が語り部になる支援をしよう。

Column プレゼンテーションを見るための「認識のメガネ」

プレゼンテーション・パターンは、プレゼンテーションについての「認識のメガネ」だと捉えることができます。このメガネをかけることで、これまで注目してこなかった部分が浮かびあがって見えてきます。たとえば、ある人のプレゼンテーションを見るときに、プレゼンテーション・パターンのメガネを通して見ることで、その人がどのような工夫をしてつくっているのかを理解することができます。あるいは、自分のプレゼンテーションを振り返ることで、自分がどのようにプレゼンテーションをしてきたのかや、いま何ができていないのかが見えてきます。しかも、よりよいプレゼンテーションにするための改善点も見えてきます。

興味深いことに、プレゼンテーション・パターンという「認識のメガネ」は、使っているうちに身体の一部になっていきます。その意味では、プレゼンテーション・パターンは、そろばんに似ていると言えます。そろばんは慣れてくれば頭のなかで弾くことができるようになり、最終的にはモノとしてのそろばんは要らなくなります。同じように、プレゼンテーション・パターンも最初は意識的に使う必要がありますが、そのうち自分の一部となっていくのです。

それでは、どうやってプレゼンテーション・パターンという「認識のメガネ」を用いて、創造的プレゼンテーションの感覚を磨くことができるのでしょうか。おすすめしたいのは、良質のプレゼンテーションを、プレゼンテーション・パターンを用いて読み解いていくということです。

日頃、身の回りでもいろいろなプレゼンテーションがあると思いますが、創造的プレゼンテーションに出会う機会は、（残念ながら今のところ）あまりありません。そこで、インターネット上で映像が公開されている名プレゼンテーションや名演説、名パフォーマンスを活用するのがよいでしょう。なかでもおすすめなのが、ＴＥＤ（http://www.ted.com/）の講演映像です。

ＴＥＤでは、いろいろな領域の人が「広めるのに値するアイデア」を短い時間で語っています。設立当初は、「技術」（Technology）、「エンターテインメント」（Entertainment）、「デザイン」（Design）の三分野に特化していたため、その頭文字をとって「ＴＥＤ」と命名されたのですが、現在ではより広い範囲のテーマが扱われています。本書の執筆時点（二〇一三年一月現在）では、千四百を超える講演が公開されています。ＴＥＤの特徴は、短い時間（最大で十八分）の良質な講演が無料で公開されており、そこでは本書でいう「創造的プレゼンテーション」が行われているということです。

興味・関心に合わせて講演を選び、まずはその内容を味わいましょう。その後に、どのプレゼンテーション・パターンが含まれているかを考えながら、もう一度見てみてください。一人で考えるのもよいですが、何人かで話し合うのも盛り上がって楽しめると思います。

ぜひこのようなリソースを活かしながら、プレゼンテーション・パターンという「認識のメガネ」によって「創造的プレゼンテーション」の感覚を磨いてみてほしいと思います。

III 振る舞いに関するパターン

Ⅲ 振る舞いに関するパターン

これから行うプレゼンテーションで、聴き手が新しい発想や発見を生み出しているという「成功のイメージ」を実現するために、入念な準備、ステージでの立ち振る舞い、聴き手とのつながりの深化が重要となります。

まず、入念な準備として、プレゼンテーションを行う場所や設備を確認・調整する「場の仕上げ」を忘れてはいけません。また、自分自身やメンバー同士で「成功のイメージ」を確認する「成功のリマインド」が重要となります。そして、自分たちはこれまで徹底してやってきたから大丈夫だという「自信感の構築」をしましょう。

次に、プレゼンテーションを行っているときには、語り手の立ち振る舞いも見られているという感覚で「キャスト魂」を持つことが大切です。そして、余計な言い訳はせず、「最善努力」で臨み、「ひとりひとりに」語りかけるように話していきます。

そして、語り手の「世界への導き」や、聴き手の反応に合わせる「即興のデザイン」によって、聴き手とのつながりを深めることができます。また、「終わりが始まり」という意識を持ち、プレゼンテーションを振り返るとともに、聴き手との関係づくりも行いましょう。

No.22

場の仕上げ

Stage Building

会場の準備もプレゼンテーションの一部。

快適な気分にひたれる空間をあなた自身の手でつくりだしていきなさい。そうすることによって、あなたは幸運をひきつけることになります。―― ジョセフ・マーフィー

せっかくの九九パーセントの貴重な成果も、残りの一パーセントの止めがしっかりと刺されていなかったら、それは初めからなきに等しい。―― 松下 幸之助

未来は、それに備える人々のものである。―― ラルフ・ウォルド・エマーソン

22 場の仕上げ

「成功のイメージ」を念頭に置きながら、準備の詰めを行います。

入念に資料の準備をしたり何度も話す練習をしたりしていても、設備や機材のトラブルで、プレゼンテーションが台無しになってしまうことがあります。

設備や機材の種類は会場によって様々で、その操作に慣れていない状態でプレゼンテーションをすることがほとんどです。しかも、設備や機材はいつも完全な状態にあるとは限らず、しばしば不具合や故障箇所があるものです。プレゼンテーションをする段階になってトラブルが生じると、焦ってしまい、極度の緊張状態に陥ってしまいます。

そこで、設備や機材もプレゼンテーションの一つの要素であると捉え、事前に入念なチェックと準備・調整を行いましょう。

プレゼンテーションは、三次元空間のなかで展開される営みです。プレゼンテーションの資料は、スライドなどの二次元平面のものが多いのですが、プレゼンテーション自体には空間が不可欠なのです。そこで、舞台監督になった気持ちで、「場の仕上げ」を行いましょう。本番に起きることをすべて頭のなかでシミュレーションしながら、現場で確認をしていきます。会

Context ┘ Problem ┘ Solution ┘

No.3

場の広さや照明の明るさ、立ち位置、聴き手との距離、マイクの調子などもしっかり確認するのです。

また、本番で登壇するステージに一度立ってみるということも重要です。事前準備の時間や休憩時間をつかってステージに上がり、そこから会場がどう見えるのかをチェックしておくのです。これをしておくと、プレゼンテーション中の自分をイメージしやすくなります。しかも、プレゼンテーションを始めたときに一気に緊張してしまうのを防ぐことにもつながります。

逆に、聴き手の立場にたって、会場のいろいろな位置から前を眺めてみることも重要です。実際に何カ所か、客席に座ってみましょう。聴き手の場所から、語り手やスクリーンがどのように見えるのかを確認するのです。スクリーンの文字は適切なサイズでしょうか。語り手との距離は離れすぎていないでしょうか。何か気になる障害物はないでしょうか。

チェックしてみた結果、必要であれば、時間の許す限り調整・変更をしていきましょう。ときには、自分が用意してきた資料などを調整する必要があることもあります。たとえば、スライドを用いた口頭発表を行うときに、想像していた以上にスクリーンが小さかったり、聴き手とスクリーンの間に距離があり、スクリーンが小さく見えてしまうということがあったとします。そのような場合には、スライドの文字を大きくすることが必要かもしれません。あるいは、会場の明るさの調整が難しく、プロジェクターで投影されたスライドが薄くなってしまう場合には、背景の色を変えたり、文字の色を濃くクッキリとさせたりする必要があるでしょう（そのような大掛かりな変更を行う場合には、用意してきたファイルを複製した上で、変更するようにしましょう。変更がうまくいかず、元のバージョンに戻りたいと思うこともあり得るからです)。

そして、可能であれば、その場で実際にリハーサルを行いましょう。現場でのリハーサルができなかったとしても、自分のプレゼンテーションの最初から最後までをイメージしながら、その過程で必要になることをすべて考えて、その操作等の確認をしていきます。

しっかりと事前に設備や機材をチェックして準備した結果、本番中のトラブル等が少なくなり、聴き手がプレゼンテーションの内容に集中できるようになります。また、語り手にとっては、不安要因を残さずにプレゼンテーションに臨むことができるようになります。万全の準備をした場合でも想定外の事態は生じますが、その事態は不可避なものだったと、心から思えるようになるでしょう。こうして、揺るぎない「自信感の構築」につながっていくのです。

▼
No.24

Pattern No.22

場の仕上げ

設備や機材もプレゼンテーションの一つの要素であると捉え、入念なチェックと準備・調整を行おう。

No.23

成功のリマインド

Reminders of Success

成功のイメージを抱き続けるために、絶えず思い起こす。

成功へのはしごを登り始める前に、そのはしごが自分の望むチャンスの窓にかかっていることを確認せよ。―― トレイシー・ブリンクマン

絶対に成功すると思い続けた者だけが成功するし、思い続けられれば、それだけで成功者だ。―― 栗城 史多

それができるのは僕らしかいない。だからやるんだ。―― スティーブ・ジョブズ

23 成功のリマインド

「成功のイメージ」を念頭に置きながら、準備の詰めを行っています。

Context

その状況において、いつの間にか成功のイメージを忘れてしまい、判断がブレてしまうことがあります。

Problem

最初の段階でこうしたいという具体的なイメージがつかめていたとしても、時間が経てば経つほど記憶は薄れていくものです。しかも、詰めの作業に専念するほど、プレゼンテーションによってどうなると成功なのかということを忘れてしまいがちです。しかし、目標があいまいになると、それに合わせて結果もあやふやになってしまいます。

そこで、成功のイメージを何度も言語化・可視化して、忘れないようにしましょう。

Solution

このことは、一人の場合にも、複数人で取り組んでいるときも重要です。成功のイメージについて、紙に書いて貼っておいたり、仲間に話したりします。自分の頭の中で考えるだけではなく、何度も言語化・可視化してみるのです。

「成功のイメージ」は、いまだ実現していない未来像なので、それはいとも簡単に忘れてしまいます。特に、「細部へのこだわり」をもったつくり込みをしていると、どうしても、プレ

▼ No.3
▼ No.16 ▼ No.3

ゼンテーションそのものに意識が集中してしまいます。そうなると、プレゼンテーションによってどうしたいのかがすっぽり抜け落ちてしまいがちなのです。

「創造的プレゼンテーション」では、ただメッセージを伝えるというのではなく、聴き手の新しい発想や発見を誘発することを目指しています。いまつくっているプレゼンテーションが本当に聴き手を創造的にするだろうか、と自問してみましょう。

プレゼンテーションを通じて聴き手が創造的になるということには、いくつかの種類があります。語られた内容を「自分にもできる」「自分もやるべきだ」ということを発見する場合、提示された認識枠組みによって世界の見え方が変わる場合、語り手の志や挑戦、態度に刺激を受け、新しい生き方を見い出す場合です。それらの「成功のイメージ」によって、つくり込み方が違ってくるので、「成功のリマインド」をし続けることが大切なのです。

「成功のイメージ」を持ち続ける秘訣は、忘れないようにするということです。一度忘れてしまったことを、自分で思い出すのはとても難しいことです。そうならないためにも、忘れてしまう前に声に出して言うことで、記憶をリフレッシュさせることが重要です。頭のなかで考えているだけでは忘れてしまいますが、口に出してみることで記憶がそのたびごとによみがえり、強化されます。あるいは、作業する場の壁やデスクに、「成功のイメージ」を思い起こすためのことばを掲げておくのもよいでしょう。

もし複数人でプレゼンテーションをつくっているのであれば、定期的に「成功のイメージ」

▼No.0 ▼No.3 ▼No.3 ▼No.3 ▼No.3

を確認しあう時間を設けましょう。ある程度の間隔で確認できるように予定に組み込み、手帳に「成功のリマインド」と書いておくとよいかもしれません。

このように、「成功のイメージ」を思い出すことで、今できていることとできていないことが明確になり、これから何をしなければならないかがわかってきます。また、完成形が見えることで、詰めの作業へのモチベーションが上がります。

▼
No. 3

Pattern No.23

成功のリマインド

成功のイメージを何度も言語化・可視化して、記憶をリフレッシュさせよう。

No.24

自信感の構築

Construction of Confidence

自信は自然に湧いてくるものではない。

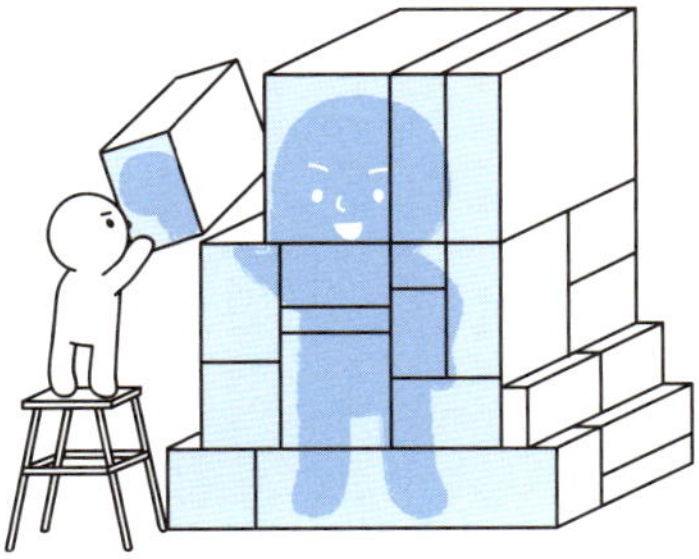

いくら自分に完璧を求めても、完璧な自分なんてどこにもいない。結局、自分や他人の失敗から、学んでいくしかないんだ。—— アイルトン・セナ

やれることはすべてやったし、手を抜いたことはありません。常にやれることをやろうとした自分がいたこと、それに対して準備ができた自分がいたことを、誇りに思っています。—— イチロー

失敗することが不可能であるかのように信じて行動しろ。—— チャールズ・ケタリング

24 自信感の構築

「成功のイメージ」を念頭に置きながら、準備の詰めを行っています。

その段階で、いざプレゼンテーションが近づいてくると、自信が持てなくなるというのはよくあることです。

いくら入念に準備をしたとしても、プレゼンテーションの本番にならなければ、実際にうまくできるかどうかはわかりません。しかも、プレゼンテーション直前になると、やり残したことやうまくいかないことにばかり目が行ってしまい、不安になりやすいものです。人前で話すことに慣れていないために自信がもてないというのは、ごく普通のことです。

そこで、これまで自分がやってきたこと、こだわってきたことを一つひとつ確認し、それらを積み上げていくことで自信感をつくりましょう。

これまで自分がやってきたこと・こだわってきたことを一つひとつ思い出してみます。小さなものでも、それらを集めてみれば大きな山となるはずです。それらがあっての今なのです。

プレゼンテーションをつくり始めてから今に至るまで、いろいろなことを考え、いろいろなものをつくり込んできたはずです。「メインメッセージ」を決め、それを「心に響くプレゼント」

Solution　Problem　Context

No.2　No.1　No.3

として つくり込み、「成功のイメージ」に近づけるように努力をしてきました。どのように「ストーリーテリング」したらよいのかを考え、「メリハリ」を効かせたり、「ぶんび両道」になるようにつくってきました。「イメージの架け橋」を意識し、「細部へのこだわり」を持って取り組んできました。これだけのことをやってきたのですから、大丈夫です。このように、これまでやってきたことやこだわってきたことを積み上げていくことで、自信感を構築するのです。「自信感の構築」に役立つのは、今回のプレゼンテーションで行ってきた準備だけではありません。過去に自分が行ったすべてのことが素材になります。過去に行ったプレゼンテーションの経験は、今回のプレゼンテーションにも活きるはずです。また、これまで自分が行ってきた様々な経験も、自信感を生み出すために寄与するでしょう。失敗した経験でさえ、そこから学んだと考えれば、自信感につなげることができます。

そして最後には、「メインメッセージ」を伝えることによって聴き手を創造的にするということが最も重要なのだということを再確認するとよいでしょう。プレゼンテーションでミスをしたとしても、創造が誘発できれば成功なのです。これから行うプレゼンテーションは、「始まり」のきっかけに過ぎません。そう考えれば、プレゼンテーションで失敗することを恐れる気持ちは、だいぶ和らぐのではないでしょうか。

ちなみに、プレゼンテーションのときに「あがってしまう」のは、他の人からよりよく見られたいと思う自意識が関係しているからだと言えます。つまり、「プレゼンテーションをする

No.3 No.4 No.7 No.10 No.13 No.16 No.1

自分」を強く意識することで緊張してしまうのです。しかし、「創造的プレゼンテーション」の観点から考えると、余計な緊張だと言えるかもしれません。語り手は、プレゼンテーションの重要な一部ですが、メインではないからです。「創造的プレゼンテーション」の中心は、「メインメッセージ」とそれが引き起こす「創造」です。語り手は、それを実現するために「参加」しているに過ぎないのです。そう考えることができれば、気持ちが楽になり、あがりにくくなるかもしれません。

「自信感の構築」を行った結果、プレゼンテーションは、堂々として自信感に溢れ、説得力を持つものになるでしょう。

▼No.0 ▼No.0 ▼No.1

Pattern No.24

自信感の構築

これまで自分がやってきたこと・こだわってきたことを一つひとつ確認し、それらを積み上げていくことで、自信感をつくっていこう。

No.25

キャスト魂

Presentership

立ち振る舞いもプレゼンテーションの一部である。

「イチロー」でいるときには、強く、美しく、しなやかでいたい。ふだん、持ちあわせているものでないものになれる瞬間です。—— イチロー

何か新しいことをクリエイトしている人間ってのは、光り輝いているものだ。
——マイルス・デイヴィス

今このときも、未来を動かす一瞬の一つだ。—— スティーブ・ジョブズ

25 キャスト魂

いよいよプレゼンテーションの本番になり、「成功のイメージ」が現実になろうとしています。

その状況において、内容を伝えることに意識が集中してしまい、自分が見られているということを忘れてしまいがちです。

プレゼンテーションを通して伝わることは、そこで語られる内容だけではありません。それを語る語り手のことも伝わります。聴き手は、語り手の服装、身体、表情、声、振る舞い、しぐさなどもすべて受け取っているのです。言葉で説明しないことでも、ちょっとした表情やボディ・ランゲージで伝わることがあります。逆に、立ち振る舞いでよくないところがあれば、プレゼンテーションの印象が悪くなってしまう可能性もあります。

そこで、自分自身もプレゼンテーションの一部であると捉え、どのような立ち振る舞いをするとよいのかを考えましょう。

「創造的プレゼンテーション」において最も重要なのは、「メインメッセージ」とそれが引き起こす「創造」です。それを誘発する役目を担うのが語り手です。語り手はプレゼンテーションの一部として、聴き手が新しい発想や発見を生み出すことを促すのであり、そのための立ち

Solution Problem Context

No.3

振る舞いが必要になります。

そのような役目を、普段の素《す》の自分で行うのは恥ずかしいかもしれません。自分らしくプレゼンテーションをするのはよいことですが、だからといって素の自分を曝《さら》け出す必要はありません。素の自分ではなく、「自分らしい語り手」になることを考えましょう。そこで、映画や演劇のキャストのように、プレゼンテーションの「語り手」というキャスト（役）を演じる気持ちで取り組んでいきましょう。そうすれば、語り手としての自分の立ち振る舞いをコントロールできるだけでなく、自分のどの部分を出し、どの部分を出さないのかも自分で決めることができるようになります。

演じるといっても、芝居がかった大袈裟な振る舞いにならないように注意しましょう。そのような振る舞いはプレゼンテーションを嘘っぽく見せることになってしまいます。あなたの「メインメッセージ」を最も効果的に「ストーリーテリング」するにはどのような語り手であるとよいかを考えて、その役になることが大切なのです。情熱的に話すことがよい場合もあれば、悲しい感情が伝わるようにもの静かに話すことがよい場合もあるでしょう。いずれの場合も、全身で伝え、身体全体で語るのです。

演じるときには、外面的な振る舞いをコントロールするのではなく、内面からその役になりきります。いきいきとした振る舞いは、いきいきとした気持ちから生まれます。楽しい雰囲気は、自分が本当に楽しむことから生まれます。内面からなりきると、自然と外面にもそれが表

▼ No.1 ▼ No.4

れるものなのです。このことは、役者が涙を流す場面で、過去の悲しいことを思い出しながら涙を流すのに似ています。

「キャスト魂」に火をつけるのは、登壇してからではなく、登壇の前にしましょう。聴き手の前に現れたときから姿が見えなくなるまでがプレゼンテーションです。登壇の前に意識を集中させ、役の気持ちに切り替えをして、登壇するときにはその役になりきって登場するのです。

このような「キャスト魂」を感じさせてくれるのが、スーザン・ケインのTEDトーク「内向的な人のパワー」(Susan Cain: The power of introverts)＊です。彼女曰く、彼女自身が「内向的」なのですが、「キャスト魂」をしっかり持って、見事に講演をしています。

このように「キャスト魂」を持ってプレゼンテーションに臨むと、いきいきと自信に溢れたプレゼンテーションになり、説得力が増し、惹き込まれやすくなります。

＊スーザン・ケイン「内向的な人のパワー」(Susan Cain: The power of introverts)
http://www.ted.com/talks/susan_cain_the_power_of_introverts.html

Pattern No.25

キャスト魂

自分自身もプレゼンテーションの一部であることを意識し、「自分らしい語り手」の役を演じる気持ちでステージに上がろう。

No.26

最善努力

Best Effort

余計な言い訳はいらない。今できるベストを尽くす。

最善の努力をしてみよう。その結果は努力しないよりも、はるかに良い成果が得られるはずだ。―― ヨハン・ゲーテ

勇気の気持ちを味わいたければ、ありったけの気力をふるって、勇者らしく振舞うことだ。その時、恐ろしくていたたまれない気持は、勇気りんりんとしてじっとしていられない気持に取って代わられるだろう。―― ウィリアム・ジェームズ

ベストを尽くして失敗したら？ ベストを尽くしたってことさ。―― スティーブ・ジョブズ

26 最善努力

いよいよプレゼンテーションの本番になり、「成功のイメージ」が現実になろうとしています。

その状況において、自分が自信がない部分について言い訳をしてしまい、自らプレゼンテーションの価値を下げてしまう人がいます。

たとえば、「準備不足なのですが……」、「うまくできるかわかりませんが……」というような言い訳から入ってしまうのです。厳しい評価を避けたいという気持ちや謙遜の意味があるのだと思いますが、そのようなことばで始まったプレゼンテーションをワクワクして聴くことができるわけがありません。これから始まるプレゼンテーションを聴く価値を自ら下げることになります。

また、日本人の英語プレゼンテーションでよくあるのが、「英語が下手なので……」とか「私の発音は聴き取りにくいかもしれませんが、ご了承ください」というような言い訳をすることです。これもやめるべきです。そういうことをわざわざ強調する必要はありません。聴き手は、語り手の言語能力を評価しに来ているのではなく、内容に興味があって話を聴きに来ているのです。それにもかかわらず、自ら苦手な言語能力の方に注目を集めさせるのは得策ではありません。準備不足にしても言語能力の問題にしても、一番気にしているのはたいてい本人であっ

Problem ― Context
▼
No.3

て、他の人は言われなければ気にしないというのが実際のところです。

そこで、余計な言い訳はせず、今できるベストを尽くしましょう。

理想の状態からみてどれだけ足りないかを指摘するのではなく、今できる限りのベストな状態を披露する気持ちで臨みます。よく言われる喩えですが、コップの中に半分の水が入っているときに、「半分しか入っていない」と捉えるのか、「半分も入っている」と捉えるのかで、状況の認識はまったく変わってしまいます。自分がやってきたことがコップの半分だとしても、それを堂々と見せましょう。「半分しか入っていない」と自ら言うのは、自分自身が半分の水を認めず、せっかくの水を台無しにしてしまうことになります。その水で誰かをいきいきさせたり、救ったりできるかもしれないのに。

それでは、どうしたら今できるベストに意識を向けることができるでしょうか。まず、プレゼンテーションで最も伝えたい「メインメッセージ」を思い出しましょう。それがしっかりあれば大丈夫です。次にそれを「心に響くプレゼント」にしようとしているのだ、ということを再度確認しましょう。たとえ小さなプレゼントでも、プレゼントはうれしいものです。そして、このプレゼンテーションで目指している「成功のイメージ」は何だったのかを思い返しましょう。それが実現できるのであれば、あとは些細なことに過ぎません。これらがあれば、大丈夫です。今自分ができるベストを尽くしてプレゼンテーションを届けましょう。

Solution
▼ No.1
▼ No.2
▼ No.3

ここで一つ、英語でのプレゼンテーションの実践的なアドバイスをしておきます。もし発音などに自信がなく、内容がきちんと伝わるのかが不安であれば、重要なことはすべてスライドに文字で書いておくことをおすすめします。そうしておけば、たとえ聴き取れなかったとしても、言いたいことはきちんと伝わります。このことは、重要なことを繰り返し提示するということにもなります。しかも、「あれを言ったあとに、これを言わなければ」ということをすべて覚えておかなくてよくなるので、心に余裕が生まれます。たとえ頭の中が真っ白になってしまっても、スライドに大切なことは書いてあるので、それを頼りに先へと進むことができます。変な言い訳をするよりもよっぽど潔く、リスクも少なく効果的な方法だと言えるでしょう。もちろん、「ぶんび両道」を目指し、「適切な情報量」を心がけるのは言うまでもありません。

「最善努力」の結果、聴き手はプレゼンテーションの悪い点には意識が行かず、プレゼンテーションの内容に集中できるようになります。自分のベストを尽くして努力したのであれば、細かい点がどうであれ、今の自分にできることは全力でやったのでよいではありませんか。そう思えるほどベストを尽くす、そのことが大切なのです。

▼ No.11 ▼ No.10

Pattern No.26

最善努力

余計な言い訳はせず、今できるベストを尽くそう。

No.27

ひとりひとりに

Personally for You

聴き手の目を見て伝える想い。

目は言葉を語り、目は言葉を理解できる。――ジョージ・チャップマン

プレイするときはお互いのことを考えないと。勝手にひとりで弾いちゃだめだ。相手がいるならそいつと合わせないと。――マイルス・デイヴィス

下を向いたままだと、虹を見つけることはできませんよ。――チャールズ・チャップリン

27 ひとりひとりに

いよいよプレゼンテーションの本番になり、「成功のイメージ」が現実になろうとしています。**その状況において、聴き手に思いが伝わるような語り方ができずに、誰の心にも響かないプレゼンテーションになってしまうことがあります。**

これは、多くの場合、人前に立ったときの緊張によって生じます。緊張すると、周囲の人や状況が見えにくくなってしまうものです。しかし、聴き手の側からすると、目を合わさないで話されると相手が自分に話しかけているようには思えません。会場にたくさんの人がいることを意識しないために、下を見たり、上を見たり、画面を見たりしていては、伝わるものも伝わらず、共感を引きだすことはできないでしょう。

そこで、聴き手の全体ではなく、一人ひとりに伝えるように、聴き手の目を順番に見ていきながら話しましょう。

会場全体に向かって話すというのではなく、聴き手一人ひとりに、まるで一対一で話しかけているかのような気持ちで、聴き手の目を見て話していきます。ここでのポイントは、そのときどきで見るのはたった一人だということです。一人をしっかりと見て、語りかけるのです。

Solution　Problem　Context

No.3

このやり方は、緊張感を緩和するためにも有効です。一人を見ているときは、会場全体のたくさんの人数を意識しなくて済むからです。一対一のコミュニケーションだと思えばよいのです。そして、その一対一の相手を少しずつ変えていくのです。

一人ひとりに語りかけるように見ていくと、「なるほど」とうなずいてくれたり、話に反応して笑ってくれたりする人が必ずいます。そういう人は、語り手にとって安心感を生みます。プレゼンテーションの前半では、そういう反応のよい人を探すつもりで、一人ひとりに話しかけてみましょう。そして、反応のよい人が見つかったら、それらの人たちを「ホームベース」として、そこから周囲の人を見ては、またその人に戻ってくるということを繰り返すようにするとよいでしょう。

聴き手のなかには、まったく反応をしない人もいるでしょう。そういう人は、語り手からするととても恐ろしく見えるものです。プレゼンテーションの内容に何か不満を持っていたり、反対意見を持っているのではないかと感じてしまい、緊張が高まってしまいます。しかし、そのような人は真剣に聴いているだけのことも多く、質疑応答でよい質問をしてくれたり、プレゼンテーション後に「とても刺激を受けた」と言ってくれたりする場合もあります。なので、こちらから一方的に怖がったりせず、他の人と同じように目線を向けるとよいでしょう。その後、反応がよい「ホームベース」の聴き手に戻れば、また安心してプレゼンテーションを進めることができます。

聴き手の表情は、語り手の表情の鏡でもあります。聴き手が微笑むことなく固い表情をしているときには、語り手が固い表情をしていることも多いのです。そのため、雰囲気を変えたいのであれば、まずは自分の表情をやわらかくしてみるとよいでしょう。

余裕がでてくれば、聴き手が内容を理解しているかを見ながら、話し方や話すテンポ、話す内容を調節することもできます。こうすることで、一方的に語り手が話し続けるというスタイルではなく、インタラクティブな（相互作用のある）場になります。こうしてこそ、一人ひとりの聴き手にとって「心に響くプレゼント」となるのです。

「ひとりひとりに」語りかけた結果、聴き手は、自分に語りかけられているという感覚を抱いて、より熱心にプレゼンテーションを聴いてくれるようになります。また、語り手も、聴き手の反応を感じることができるため、安心感と喜びを感じることができます。これらの相乗効果によって、プレゼンテーションによる一体感が増すことになります。

▼ No.2

Pattern No.27

ひとりひとりに

聴き手一人ひとりに伝えようとする姿勢で、意識的に聴き手の目を見ながら語ろう。

No.28

世界への導き

Invitation to the World

徹底した世界観が聴き手の感動を生む。

物語を作るというのは、自分の部屋を作ることに似ています。部屋をこしらえて、そこに人を呼び、座り心地のいい椅子に座らせ、おいしい飲み物を出し、その場所を相手にすっかり気に入らせてしまう。そこがまるで自分だけのために用意された場所であるように、相手に感じさせてしまう。それが優れた正しい物語のあり方だと考えます。―― 村上 春樹

エンターテイメントっていうのは、観ているうちになんかいつの間にかこう壁が狭くなっててね、立ち止まって『うーん』って考えてね、『そうか、俺はこれでは駄目だ』とかね（笑）、そういうのが理想だと思うんです。なんかこう……入口の間口が広くて、敷居も低いんだけど、入っていったら出口がちょっと高くなってたっていう。

―― 宮崎 駿

28 世界への導き

プレゼンテーションを何度も経験すると、より高度な「成功のイメージ」のプレゼンテーションを行いたいと思うようになります。特に、聴き手が惹きつけられて夢中になるような求心力のあるプレゼンテーションをしたいと思うものです。

Context
▼
No.3

そういうときに、表現のスキルをいくら磨いても、求心力を強くしたり、感動の度合いを上げたりすることは困難です。

表現のスキルは「表現のいいとこどり」によって上げることができますが、必ずしも深みのあるプレゼンテーションにはつながりません。求心力や感動は表現の巧みさで生み出されるものではないからです。

Problem
▼
No.17

そこで、聴き手が惹きつけられる魅力的な「世界」を生み出し、そこに導くように語りましょう。

自分が見ている世界・感じている世界に、聴き手を引き込んでいくのです。つまり、こちらからボールを投げるようなプレゼンテーションではなく、相手がこちら側に入ってくるようなプレゼンテーションを目指すのです。「世界への導き」を実現させるためには、どのような「世界」にするのかを考え、その「入口」を用意し、そして「世界」をつくり込んでいきます。

Solution

まず、聴き手を誘う「世界」を考えます。それは、語り手の「メインメッセージ」を伝えることができる「世界」であると同時に、聴き手が興味を持つ「世界」でなければなりません。聴き手がよく知っている「世界」では興味を持ってもらえないし、聴き手にまったく関係のない内容でも興味を持たれないでしょう。「世界への導き」もまた、「心に響くプレゼント」でなければならないのです。子どもを遊園地に連れて行ったり、恋人を素敵なお店に連れて行ったりするのと同じように、聴き手を魅力的な「世界」へ導くのです。そこに連れて行くことでどう感じてほしいのかという「成功のイメージ」を持つことが大切です。

次に、その「世界」への「入口」を考えます。その「入口」は、聴き手にとって馴染みがある必要があります。「入口」が遠いという印象をもたれると、聴き手は「世界」に入る気がしなくなります。目の前に入りやすい「入口」があり、その奥には何やら興味深い「世界」が広がっていそうだ――そう感じてもらうことが重要です。

あとは、「世界」のつくり込みです。プレゼンテーションにおけるすべての要素をその「世界」につなげるように徹底します。世界観のつくり込みにおいては、内容や表現の面でよいと思ったアイデアでも、その世界観に合わないのであれば採用できません。たとえば、とてもシリアスな世界観をつくっているのであれば、それに合わない冗談は慎むべきでしょう。かわいらしい世界観を生み出しているときに、ビジネスライクな要素が入ると、雰囲気は壊れてしまいます。こうしてつくり込まれた一貫性のある「世界」に、語り手自身が入り、その内側から聴き

No.1 No.2 No.3

手を招き入れるのです。

「世界への導き」の好例に、ジル・ボルティ・テイラーのTEDトーク「脳卒中を語る」(Jill Bolte Taylor's stroke of insight*)があります。脳の研究者である彼女は、ある時自分が脳卒中になってしまいます。そのときの珍しい体験について、彼女は「キャスト魂」がこもった圧巻の「ストーリーテリング」によって語ってくれます。プレゼンテーションの冒頭で、日常的な話と科学者であることを印象づけて、入りやすい「入口」をつくっています。その後は、彼女の体験した「世界」へと聴き手を導いていきます。とても引き込まれるプレゼンテーションなので、まだ見たことがない方はぜひ見てみてください。

こうして、「世界への導き」をした結果、聴き手は好奇心を持ってプレゼンテーションを聴くことになるでしょう。しかも、語り手もいきいきとプレゼンテーションをすることができます。こうして、語り手も聴き手も、その「世界」を体験するのです。

*TED「脳卒中を語る」(Jill Bolte Taylor's stroke of insight)
http://www.ted.com/talks/jill_bolte_taylor_s_powerful_stroke_of_insight.html

▼No.4 ▼No.25

Pattern No.28

世界への導き

聴き手が惹きつけられるような魅力的な「世界」を垣間見せて、そこに導こう。

No.29

即興のデザイン

Improvised Presentation

「即興」と「行き当たりばったり」は、まったく違う。

物語 narrative の創造性は、新しい話しのすじを考え出すことにあるのではない。そうではなく、ほかならぬこのとき、この聴衆と、ある特別の交流をつくりだすということにこそ、それはある。話しは、語られるたびごとに、そのときしかないようなしかたで、そのときしかないような状況のなかに提示されなくてはならない。
―― ウォルター・J・オング

いろいろなことができるように準備しておくことでしょうね。いざとなったらなんでも言えるように、言葉をたくさん覚えておく感覚に似ています。―― 山下 洋輔

即興演奏が音楽になって聞こえるには、ものすごい訓練が必要なのだ。―― 穐吉敏子

29 即興のデザイン

プレゼンテーションを何度も経験すると、より高度な「成功のイメージ」のプレゼンテーションを行いたいと思うようになります。特に、相手の反応に合わせたプレゼンテーションをしたいと思うものです。

Context

ところが、相手の反応に合わせてプレゼンテーションをしようとすると、話が散漫になり、収拾がつかなくなることがあります。

聴き手の反応や場の雰囲気は、本番を迎えるまでわからないので、その場の場当たり的な対応になってしまいがちです。しかも、想定していた流れで物事が進まないと、焦ってしまうので、より悪い方向に陥るリスクもあります。

Problem

そこで、日頃から即興のためのレパートリーを充実させておき、本番でそれらを即興的に選びながらプレゼンテーションを行えるようにしておきましょう。

Solution

ふだんから即興で用いることができる素材や展開のレパートリーを充実させておき、本番では、聴き手の反応や状況に合わせて、即興的にそれらを選び出し、組み合わせて用いるのです。「即興」というときに誤解してはならないのは、それは「行き当たりばったり」ではないとい

▼
No.3

うことです。その場でパッと展開できるものの引き出しは予《あらかじ》め充実させておくことが必要なのです。山下洋輔さんや穐吉敏子さんのことばにもあるように、ジャズの即興演奏でも同様のことが言われています。

実は、日常的な会話でも、このような「即興のデザイン」は重要です。私たちはふだん相手の反応に合わせて、すでに持っているいろいろなフレーズや言い回しを無意識のうちに組み合わせながら話をしています。その場ですべての言葉を一文字ずつ組み合わせて考えているわけではないのです。母国語の場合よりも、外国語での会話を考えてみる方がわかりやすいかもしれません。組み合わせ可能なフレーズを覚えておくことが、外国語での会話が上達するための秘訣なのです。そのレパートリーの広さによって、即興的に話す力が左右されるのです。

プレゼンテーションにおける即興も同じです。場の空気を読み取り、聴き手の反応を見ながら、レパートリーのなかから適切なものを選び出していきます。そのためには、相手の話を聴きながら、翻訳したことばで話す「同時通訳」のような並列処理が必要になります。「即興のデザイン」は経験を積んだ後でなければ難しいというのは、そのためです。

そして、「即興のデザイン」をするときには、必ず、「メインメッセージ」から離れていないかを絶えず確認しましょう。どんなに聴き手の反応を踏まえたものだからといって、自分が伝えるべきメッセージが届けられなければ意味がありません。そして、最後の締めは、やはり「メインメッセージ」をしっかりと印象づけましょう。

▼ No.1

▼ No.1

講演や対談をするときを例にとると、パソコンのなかにすぐに出せるかたちで、いろいろなプレゼンテーション・スライドを用意しておきます。そして、どこにどのファイルがあり、そこにどのような内容が入っているのかを把握しておくのです。一つのファイルに「メインメッセージ」に関連するスライドをある程度集めておくと便利です。そのファイルを「ホームベース」としながら、話の流れに応じて別のファイルを探しにいくというやり方ができるからです。

▼No.1

聴き手の反応に合わせたプレゼンテーションをすることで、聴き手の興味・関心に合う内容になり、その場限りの特別な「心に響くプレゼント」になります。プレゼンテーションの場が、そのときの流れによる創造的な場になります。こうして、語り手と聴き手は創造的な出来事を共有した仲間となるのです。

▼No.2

Pattern No.29

即興のデザイン

日頃から即興のためのレパートリーを充実させておき、本番でそれらを即興的に選びながらプレゼンテーションを行おう。

No.30

終わりが始まり

Reflecting Forwards

振り返りまでがプレゼンテーション。

世界は丸い。終わりだと思った場所が、実は始まりの場所かもしれないのです。
—— アイビー・ベイカー・プリースト

「思考」とは何であるか知っている人間は、成功からも失敗からも非常に多くのことを学ぶ。—— ジョン・デューイ

賞賛による堕落から逃れる方法はただひとつ。仕事を続けることである。—— アインシュタイン

30 終わりが始まり

「成功のイメージ」が実現できるように取り組み、プレゼンテーションを終えました。

ところが、プレゼンテーションの本番が終わった後に、やりっ放しになってしまい、これからの展開や成長の機会を逃してしまうことがよくあります。

プレゼンテーションを終えたときには、終わったことに喜びを感じ、安心してしまいがちです。たしかにひとつの経験として自分のなかに蓄積はされますが、今後のさらなる展開や自分の成長の機会を逃してしまうことにもなりかねません。

そこで、プレゼンテーションが終わったら、聴き手との関係を築いて今後の展開につなげるとともに、振り返りをして改善することで自分の成長につなげていきましょう。

プレゼンテーションの本番が終わったら、やるべきことが二つあります。一つは、聴き手との関係をしっかりと築き、今後の展開につなげることです。もう一つは、自分のプレゼンテーションを振り返ることで、改善点を明らかにして自分の成長につなげることです。

まず、聴き手との関係構築は、プレゼンテーションが創造的に展開していくために重要なことです。プレゼンテーションで「メインメッセージ」を伝え、うまくいっていれば聴き手は「成

Context Problem Solution

No.3 No.1

功のイメージ」のような状態になっているはずです。つまり、新しい発想や発見を得ているはずです。せっかく創造的な状態にあるのにそれを放置すれば、プレゼンテーションはそこで終わりですが、それについて語り合えば、新しい展開につながる可能性があります。せっかくの機会を、その場限りの関係で終わらせるという手はありません。

そこで、プレゼンテーションの後の休憩時間や懇親会など、いろいろな場面で、聴き手と話す時間を大切にしましょう。そして、聴き手の興味・関心や、刺激を受けた点や面白かった点などを聞きましょう。そうすることで、「創造的プレゼンテーション」が一方的な創造の支援で終わるのではなく、さらに語り手であるあなたの創造も誘発し、創造の連鎖が実現します。あなたが引き起こした創造のプロセスに、あなた自身も参加できるのです。

プレゼンテーションの後にすべきもう一つのことは、今回のプレゼンテーションの振り返りです。自分の振る舞いや聴き手の反応から感じたことを踏まえ、今後の改善点を考えます。この振り返りでは、悪い点だけでなく、よい点もしっかり評価し、それを今後も伸ばしていくことが大切です。複数人でプレゼンテーションに取り組んできた場合には、一緒に振り返る時間を設けるようにしましょう。多少時間がかかったとしても、取り組んだ全員が感じたことや考えたことを話し合うことが大切です。

「創造的プレゼンテーション」では、単に伝えるということではなく、聴き手に新しい発想や発見を促すことを目指します。だからこそ、プレゼンテーションの評価としても、聴き手が

No.3　No.0　No.0

理解できたというレベルではなく、新しい発想や発見を生み出せたかどうかで評価することになります。振り返るのは、プレゼンテーションを行った日と、しばらく経ってからの二回行うとよいでしょう。プレゼンテーション直後であるから気づくことと、しばらく時間が経つことで見えてくることの両方があるからです。

このようにプレゼンテーションの後の時間を過ごすことで、今回のプレゼンテーションの次の展開を生み出すことができ、次回のプレゼンテーションのやり方も改善することにつながります。

Pattern No.30

終わりが始まり

プレゼンテーションの後に、聴き手と話す時間をとって創造の連鎖を実現するとともに、振り返って学ぶことで今後のプレゼンテーションにつなげよう。

Column　創造社会におけるプレゼンテーション

プレゼンテーション・パターンでは、プレゼンテーションを単なる「伝達」とは捉えず、「創造」の営みであるという捉え方をしています。つまり、聴き手の新しい発想や発見を誘発することを目的に据え、「創造的プレゼンテーション」と呼ぶのです。なぜ、そのようなプレゼンテーションが大切だと考えるのでしょうか。そこには、時代の変化とこれからの社会のあり方が関係しています。

現在私たちが生きている時代とその前後の変化を捉えるために、著者の一人である井庭 崇は、三つの「C」で捉えることを提唱しています。最初のCはConsumption（消費）で、「消費社会」の時代を表します。その時代の豊かさの象徴は、商品・サービスを消費するということでした。次のCはCommunication（コミュニケーション）で、情報社会を表します。この時代は、コンピュータや通信機器を用いたコミュニケーションに多くの時間と関心を注いでいる時代です。

そして、時代変化の最後のCはCreation（創造）で、「創造社会」（クリエイティブ・ソサエティ）と名づけたいと思います。創造社会では、多くの人が、日々何かをつくっています。創造社会を、「あらゆる人々が、自分たちで自分たちの新しい認識、新しいモノ、新しい仕組みをつくり、それを通じて未来を創造する社会」と定義しておくことにします。現在もこの新しい時代の萌芽が見られますが、これから二十年の間にさらに進展していくと思います。

以上のような時代の変化とともに、（広い意味での）「プレゼンテーション」も変化してきました。消費社会においては、人々は企業がつくった広告などのプレゼンテーションを消費してきました。そして、情報社会になると一般の人も発信するようになり、コミュニケーションとしてのプレゼンテーションが頻繁に行われるようになります。そして、今後、創造社会が本格的に到来すると、創造としてのプレゼンテーションが主流になっていくと思われます。本書の提案の背後には、そのような時代変化の認識があります。

このような時代変化を論じた本『**社会システム理論――不透明な社会を捉える知の技法**』（井庭 崇 編著、宮台真司、熊坂賢次、公文俊平 著、慶應義塾大学出版会）も、実は「創造的プレゼンテーション」となるように編集してあります。「社会システム理論」というタイトルがついていますが、理論の解説は序章だけにしかありません。従来のテキストブックのような伝達型の本をイメージしていた人にとっては相当な違和感があったと思いますが、この本で目指したのは理論内容の伝達ではなく、理論の概要を共有した上での新しい発想や発見の誘発です。本の大部分を占める対談自体がそのような創造的な展開をしていますし、その対談を読んだ読者も創造的な発想・発見ができる本を目指してつくりました。ぜひ、「創造的プレゼンテーション」型の新しいタイプの本として読んでみてほしいと思います。

Extreme Patterns

創造的
プレゼンテーションの究極

EXTREME PATTERNS　創造的プレゼンテーションの究極

「創造的プレゼンテーション」を継続的に行っていくには、そのときどきの準備だけでなく、日々の生き方も関係してきます。まず、自分らしい内容や表現が出せるような「独自性の追求」が不可欠です。そして、聴き手をいかにして惹きつけるのかという自分なりの「魅せ方の美学」を構築していくことも必要です。そして、プレゼンテーションにはその語り手自身がよくも悪くも投影されてしまうものです。だからこそ、日頃から自分らしい「生き方の創造」をし続け、本気で生きることが大切になるのです。

これらのパターンは、一回一回のプレゼンテーションをどうつくるのかという話ではなく、プレゼンテーションを日々行う生き方についてのものなので、究極のパターンと言うことができます。これらのパターンまで実現できれば、プレゼンテーションの達人と言えるでしょう。

No.31

独自性の追求
Pursuit of Uniqueness

自分のなかを深く深く掘り下げていく。

いちばん大切なのは、自分だけのサウンドだ。それがない限り、どんなメロディを演奏しても意味がない。―― マイルス・デイヴィス

独創性とは、今まで誰一人として言わなかったことを言うことではなく、まさしく自分の頭で考えたことを言うことなのだ。―― ジェイムズ・スティーブンズ

新しい音（note）なんてどこにもない。鍵盤を見てみなさい。すべての音はそこに既に並んでいる。でも君がある音にしっかり意味をこめれば、それは違った響き方をする。君がやるべきことは、本当に意味をこめた音を拾い上げることだ。

―― セロニアス・モンク

31 独自性の追求

「創造的プレゼンテーション」の経験を積み、聴き手の発想や発見を引き出すプレゼンテーションができるようになってきました。

ところが、どこか根本的なところで、他の人と同じようなプレゼンテーションになってしまっているということがあります。

プレゼンテーションの経験が増え、スキルも磨かれたため、たしかに上手くできるようにはなっているのですが、内容や表現に「突き抜ける」感じがなく、どこか無難にまとまっているものになってしまいがちです。内容も表現も、どこか「借り物」のような感じがしてしまうのです。

そこで、プレゼンテーションをつくるたびに、自分を深く深く掘り下げ、内容においても、表現においても、独自性を追求しましょう。

独自性は、「ここではないどこか」にあるわけではありません。多くの場合、自分の「原点」に立ち返ることで見えてくるものです。自分は何をしたかったのか、そしてそれはなぜなのか——そういうことを、実践のなかで探り当てていくことが「独自性の追求」です。独自性は、

No.0 ▼ Context ┘ Problem ┘ Solution ┘

内容とその表現の両方に求められます。

内容における独自性とは、突き詰めると、この世界をどのように捉えるのかということに行き着きます。「世界とは、人間とは、こういうものだ」という認識や、「こうあるべきだ」という考え、「こうであると素敵だ」という未来像も、それぞれの人が持つ世界の捉え方です。

村上春樹さんは、彼の小説が語ろうとしていることには共通点があるといいます。それは「あらゆる人間はこの生涯において何かひとつ、大事なものを探し求めているが、それを見つけることのできる人は多くない。そしてもし運良くそれが見つかったとしても、実際に見つけられたものは、多くの場合致命的に損なわれてしまっている。にもかかわらず、我々はそれを探し求め続けなくてはならない。そうしなければ生きている意味そのものがなくなってしまうから」ということだといいます。一つひとつの小説は異なる世界の異なる人々を描いていますが、それを貫くものがあるからこそ、彼の作品から独自性が感じられるのです。

このように、真の独自性とは単に他と違うということではなく、その人でなければ到達できないような、普遍的な本質に迫るものです。村上さんはよく、深く深く「井戸を掘る」というメタファーを使いますが、まさに地底に潜む「水脈」を見つけに行くということなのです。

表現における独自性は、いま自分がつかみかけているものをどのような表現によってかたちにするのかということに関係します。文章でいえば文体、絵画であればタッチや色使いに独自性が出てくるということです。表現のスタイルは、単に表現されたものの表面に表れるものなのではなく、表現を生み出すのを支えるものです。村上春樹さんは文体について、「自分の文体を使うと、自分が考えている以上のものが出てくる。そこがまた好きなところで、自分が何を考えてるのか、何を求めてるのかよくわからなくても、文章にするとだんだんわかってくるんです」と語っています。つまり自分なりの表現のスタイルを持つということは、表現の過程における創造を誘発することなのです。

このような独自性は一朝一夕には生まれません。また、じっと待っているだけでも得られません。独自性は、日々いろいろなことを考え、体験し、そしてつくり続けることによって築かれるものです。プレゼンテーションの場合であれば、「創造的プレゼンテーション」を実践し続け、自分らしさを彫琢《ちょうたく》し、独自性へと昇華させていくほか道はありません。

以上のように「独自性の追求」をしていくことで、その人からしか生み出せないプレゼンテーションをつくることができるようになります。そのようなプレゼンテーションであるからこそ、「世界を変える力」を持つのです。

Pattern No.31

独自性の追求

プレゼンテーションをつくるたびに、自分のなかを深く掘り下げ、内容と表現を突き詰めていき、独自性を追求しよう。

▼ No.0

No.32

魅せ方の美学

Aesthetics of Presenting

自分なりの魅せ方を日々探求し、磨いていく。

いい時の感覚って、身体の中に残っているんですよ。それを忘れないようにしています。—— 浅田 真央

もっとバラの花がほしければ、もっとたくさん、バラの木を植えなさい。——ジョージ・エリオット

魅力的な唇のためには、優しい言葉を紡ぐこと。愛らしい瞳のためには、人々の素晴らしさを見つけること。—— オードリー・ヘップバーン

32 魅せ方の美学

「創造的プレゼンテーション」の経験を積み、聴き手の発想や発見を引き出すプレゼンテーションができるようになってきました。

その段階において、**一回一回のプレゼンテーションを魅力的につくることができたとしても、いつも聴き手の心を惹きつけ続けることは難しいものです。**それぞれの魅せ方には「賞味期限」があります。ある魅せ方がうまくいったからといって、何度も同じ方法でやっていると、聴き手は飽きてしまいます。その上、語り手自身も慣れによって気持ちが入りづらくなります。しかも、聴き手もプレゼンテーションや日々の生活のなかで成長していきます。同じような魅せ方をするということは、聴き手の成長を加味していないということなのです。

そこで、個々の魅せ方に固執するのではなく、魅せ方についての自分なりの「美学」をつくり、それを磨いていくようにしましょう。

美学をつくるというのは、どのように聴き手を魅了するのか、どのように感動的な瞬間をつくるのか、そして、どのように印象深い体験を提供できるのかなどについて、自分なりの考

Context Problem Solution

No.0

え方と基準をつくるということです。「魅せ方の美学」がしっかりしていれば、そこから様々な魅せ方を生み出すことができるようになります。「魅せ方の美学」は、自分の経験から学び、優れたプレゼンテーションを研究したり、様々なものを自分の目で見て感じることで磨かれていきます。

まず、自分の経験から学ぶためには、自分が行った魅せ方でよかったものを振り返り、それがなぜよかったのかを考えます。そして、それを他の魅せ方の場合と比較検討しながら、魅せ方の秘訣をつかんでいきます。

そして、同様のことは他の人のプレゼンテーションに対しても可能です。優れたプレゼンテーションを見て、その語り方や場のつくり方を研究するのです。ここでいうプレゼンテーションは、講演、口頭発表、小説、映画、演劇、ダンス、演奏、ポスター、冊子、広告、スポーツなどの広い意味で捉えます。良質のものを観察・体験することで、「魅力的である」とはどういうことかや「感動を生む」とはどういうことかについての考えを深めていくのです。

さらに、魅せ方の感覚や基準は、自然や芸術など、感性を豊かにするものに触れることによっても育まれます。

魅せ方の美学は、どこかにすでにあってそれを探し出す、というものではありません。それは自分でつくっていくものです。そうやって自分でつくった美学であれば、その人が好きな映画や小説、絵画、音楽、風景など、すべてのことが反映された「その人ならではの魅せ方」になるはずです。

「魅せ方の美学」をつくるときも、実践するときも、ある種のタフネスが求められます。人を魅了し続けたり、感動を生み続けたりすることは、簡単には実現できません。そのため、心も身体もタフになる必要があるのです。このことは、フィギュアスケートやダンスをイメージすればわかります。演技がどれだけしなやかで華やかであったとしても、それを実践しているときやそこに至るまでの道は、相当にハードです。逆に言えば、そのようなハードな道を歩んできたからこそ、人を魅了し、感動を生むことができるのです。

このようにして、自分なりの「魅せ方の美学」を磨いていくことで、プレゼンテーションはあなたの「作品」というべきものになっていきます。聴き手は、その美学に裏打ちされた一貫性のある「魅せ方」を味わいたいと思い、あなたのプレゼンテーションを楽しみに待つことになるかもしれません。そして語り手のあなたも、魅せることに誇りと生き甲斐を感じるようになるのです。

Pattern No.32

魅せ方の美学

魅せ方についての感覚を日々磨き、自分なりの魅せ方の「美学」を持とう。

No.33

生き方の創造

Be Authentic!

自分の枠を大きく超えたプレゼンテーション
などできない。

おなじ内容の言葉をしゃべっても、その人物の口からでると、まるで魅力がちがってしまうことがある。大物であるかないかは、そういうことが尺度なのだ。
—— 坂本 龍馬

毎分、毎秒、新しい生き方が始まる。喜びをもって新しい日に潔く立ち向かおう。足もとを見つめるより、はるか前方に目を放つほうが、力強い足取りで進める。
——ジェローム・K・ジェローム

人生は、自分を見つけるためにあるのではなく、自分を創造するためにある。だから、思い描く通りの人生を生きなさい。—— ヘンリー・ソロー

33 生き方の創造

「創造的プレゼンテーション」の経験を積み、聴き手の発想や発見を引き出すプレゼンテーションができるようになりました。

その段階であっても、スケールの大きなヴィジョンや夢は、軽く聴こえてしまいがちです。プレゼンテーションを通して伝わることは、そこで語られる内容だけではありません。語り手から感じられるスケール感や深みも、聴き手は同時に受け取っています。しかし、スケール感や深みは、出そうと思って出せるものではありません。それは、その人のこれまでの経験が投影されるものだからです。つまり、聴き手は、そこで何がどのように語られるかだけでなく、それを誰が語るのかということからも大いに影響を受けるのです。

だからこそ、自分なりの「生き方」で、本気で生きることが大切です。プレゼンテーションでは、最終的には語り手の生き方や生き様《ざま》がにじみ出るものです。その人らしさがに滲《にじ》み出ることで、ことばに力が宿ります。それがある種の「質」となり、心を揺さぶるプレゼンテーションとなるのです。究極的にいうならば、聴き手の心を揺さぶり、突き動かすのは、あなたという一人の人間の存在なのです。

Solution　Problem　Context

No.0

スティーブ・ジョブズが二〇〇五年にスタンフォード大学の卒業式で行ったスピーチがあります。彼の波乱万丈な人生を語った有名なスピーチです。彼はこのスピーチを、「ハングリーであれ。分別くさくなるな。」(Stay Hungry. Stay Foolish.) という言葉で締めくくりました。このスピーチがなぜ多くの人の心を揺さぶるのか。それは、彼の放つメッセージが彼の「生き方」と深く結びついているからではないでしょうか。まさに彼こそ、ハングリーであり、分別くさくない人生を歩んできた張本人です。もしこのメッセージを、このメッセージが意味するところとはまったく異なる生き方をしている誰か他の人が発したとしたら、あれほどまでの力を持たなかったでしょう。ジョブズが発したことばだからこそ、彼の生き方や生き様の色を帯び、多くの人の心を揺さぶったのです。

もう一つ紹介したいのは、「パーソナル・コンピュータの父」と呼ばれるアラン・ケイの「未来を予測する最善の方法は、その未来を自ら生み出すことだ。」(The best way to predict the future is to invent it.) ということばです。未来がどうなるかを他人事として眺めているのではなく、自分が参加し、未来をつくっていくという姿勢を語っていることばです。彼は、コンピュータがまだ大型で軍事機関や研究機関だけが所有していた時代に、近い将来コンピュータは個人で所有するメディアになると考え、その構想を実現すべく研究開発に取り組みました。そのケイが言うことばであるからこそ、「未来を予測する最善の方法は、その未来を自ら生み出すことだ。」ということばに力が宿ります。このことばの背後には、彼の生き方や生き様が垣間見えるからです。

このように、本当に心を揺さぶるプレゼンテーションというのは、その語り手の生き方と結びついたプレゼンテーションです。心を揺さぶる「メインメッセージ」は、語り手自身が信じている、語り手と不可分なメッセージにほかなりません。そのようなメッセージであるからこそ、本人の「ストーリーテリング」によって聴き手の心に大きく響くのです。あなたの存在そのものが、聴き手を創造的にさせる大きな力となり得るのです。

▼No.1 ▼No.4

最後に、ヘンリー・ソローの素敵なことばで終わりたいと思います。

「人生は、自分を見つけるためにあるのではなく、自分を創造するためにある。
だから、思い描く通りの人生を生きなさい。」
Life isn't about finding yourself; it's about creating yourself.
So live the life you imagined.

Pattern No.33

生き方の創造

自分なりの「生き方」を編み出しながら、日々を本気で生きていこう。

エピローグ　はじまりの物語、再び

いかがだったでしょうか。プレゼンテーションをより創造的にするためのヒントを見つけることができたでしょうか。ぜひ得られたヒントをもとに、実践に移してみてほしいと思います。本書はここで終わりますが、あなたの創造的プレゼンテーションの物語は、ここから始まります。

本書を読んでいるときに「他にこういうことも大切だよね」とか「自分ならこうするな」といった新しい発想や発見を得たかもしれません。その場合には、それらの発想や発見を大切にして、自分なりの方法をつくっていただければと思います。本書もまた、読者のみなさんへの「伝達」ではなく、新しい発想や発見を誘発する「創造的プレゼンテーション」となることを目指してつくられたからです。

本書は、慶應義塾大学 湘南藤沢キャンパス（SFC）井庭研究室のプレゼンテーション・パターンプロジェクトが制作したパターン・カタログ『Presentation Patterns：創造的プレゼンテーションのためのパターン・ランゲージ』（以下、カタログ版）をベースとして執筆されました。

本書（ブック版）では、カタログ版の特徴であった短い箇条書きの形式ではなく、読み物として読めるように書き直しました。箇条書きの形式もシンプルで好評ではあったのですが、書籍として出版するにあたっては、より多くの人にとって読みやすく味わいやすいかたちにするのがよいと考えました。そこで、パターン内容の本質はそのままに、具体例やエピソードを加えて、すべて新たに書き下ろすことにしました。この書き下ろしはすべて、プロジェクト・リーダーであり著者代表である私、井庭崇が行いました。

プレゼンテーション・パターン（カタログ版）は、プロジェクトの立ち上げ期からのメンバーである坂本麻美、松村佳奈、荒尾林子、柳尾庸介、濱田正大、村松大輝、松本彩とともに、自分たちの（広義の）プレゼンテーションの経験を振り返り、大切な要素を掘り起こすことから始まりました。真っ白な模造紙がカラフルな付箋で埋め尽くされていったのを、今でもよく覚えています。そしてそれをＫＪ法でまとめ、パターンの形式で文章化していきました。

プロジェクトの後半には、原澤香織、下向依梨、中野えみり、仁科里志、野村愛、安浦沙絢、山口祐加も加わり、何度も内容・文章のブラッシュアップとレビューを行いました。パターンのイラストはすべて、原澤香織、荒尾林子、井庭崇が担当し、本書でもそのイラストを使っています。英語パターン名については、後に英語版冊子を担当した伊作太一の貢献も含まれています。

プレゼンテーション・パターン（カタログ版）は、二〇一一年十一月に六本木で開催されたＳＦＣオープン・リサーチ・フォーラムで最初に発表・配布しました。このときは、イベント初日の夕方を待たずして用意していた四〇〇冊すべてが出払ってしまうという人気ぶりに驚きました。翌日からウェブでの公開も始め、そこでも予想以上の反響をいただきました。その数ヶ月後には、プレゼンテーション・パターンをきっかけとして、ＮＨＫ　Ｅテレの番組「スーパープレゼンテーション」に解説者として出演することになり、国際学会でも「新しいジャンルのパターン・ランゲージ」として高い評価を受けるに至りました。
これらの一連の出来事のすべては、ある日の午後、いつもの研究室で、白紙の模造紙を前にして語り合ったことから始まったのだと思うと、なんとも感慨深いものです。

本書（ブック版）は、当初の予定よりも少し遅れての出版となってしまいました。筆の進みの遅い私を励まし、少しでも前に進むように促してくださった担当編集者の上村和馬さんに感謝します。上村さんのあたたかい支援があったからこそ、本書はこのようなかたちで読者のみなさんに届くものとなりました。本書で紹介した具体例には「スーパープレゼンテーション」の番組で取り上げたものが多く入っています。田中瑞人さんと金谷美加さん、そして、良質なトークを公開してくれているＴＥＤの関係者のみなさんに感謝します。そして、本書の執筆に協力してくれた慶應義塾大学 井庭研究室のメンバーと、いつも全面的に応援してくれている家族 美穂・晴香・由希菜にも感謝します。
最後に、本書冒頭のストーリーにも書いたとおり、映画監督・映像作家になるといって夢ばかり追いかけ、そこから一転、大学院に進学して研究者となった私を、長く見守ってくれた父 亨と母 佐世子に深く感謝します。どうもありがとう。

二〇一三年一月十四日
著者代表　井庭 崇

プレゼンテーション・パターン一覧

プレゼンテーション・パターンとは

- 聴き手の発想や発見を誘発する「創造的プレゼンテーション」の秘訣をまとめたパターン・ランゲージです。
- 34 個のパターンで構成されています。
- 各パターンには、どのような「状況」（Context）でどのような「問題」（Problem）が生じやすく、それをどう「解決」（Solution）すればよいのか、というヒントが書かれています。

プレゼンテーション・パターンの使い方

- 全体を通して読むことで、創造を誘発する表現（創造的プレゼンテーション）について学ぶことができます。
- 各パターンの扉ページと、本文の**黒の太文字**（問題）と**青の太文字**（解決）を読んでいくだけで、概要をつかむことができます。
- 自分の「状況」に応じて、どのような「問題」が生じるのかを予め知ることができます。
- 自分が直面している「問題」をどう「解決」すればよいのかを学ぶことができます。
- 他の人のプレゼンテーションを見るときの「認識のメガネ」として使うことができます。プレゼンテーション・パターンによって、どこをどう見ればよいのかがわかります。
- プレゼンテーションをつくるときに、考えを進め、深めるための「ビルディング・ブロック」（要素）として使うことができます。
- パターン名を、プレゼンテーションについての「共通言語」として用いることができます。

CORE PATTERNS 創造的プレゼンテーションの本質

0 創造的プレゼンテーション

1 メインメッセージ
2 心に響くプレゼント
3 成功のイメージ

I 内容・表現に関するパターン

4 ストーリーテリング
5 ことば探し
6 図のチカラ
7 メリハリ
8 驚きの展開
9 はてなの扉
10 ぶんび両道
11 適切な情報量
12 魅力のちょい足し

II 魅せ方に関するパターン

13 イメージの架け橋
14 リアリティの演出
15 参加の場づくり
16 細部へのこだわり
17 表現のいいとこどり
18 不快感の撲滅
19 スキマをつくる
20 きっかけスイッチ
21 テイクホームギフト

III 振る舞いに関するパターン

22 場の仕上げ
23 成功のリマインド
24 自信感の構築
25 キャスト魂
26 最善努力
27 ひとりひとりに
28 世界への導き
29 即興のデザイン
30 終わりが始まり

EXTREME PATTERNS 創造的プレゼンテーションの究極

31 独自性の追求
32 魅せ方の美学
33 生き方の創造

主な参考・引用文献

カール・イグレシアス、『脚本を書くための101の習慣』、フィルムアート社、二〇一二年
ミヒャエル・エンデ、『ものがたりの余白』、岩波書店、二〇〇九年
大江健三郎、『小説の方法』、岩波書店、一九九八年
大江健三郎、『私という小説家の作り方』、新潮社、二〇〇一年
岡本太郎、『壁を破る言葉』、イースト・プレス、二〇〇五年
ウォルター・J・オング、『声の文化と文字の文化』、藤原書店、一九九一年
D・カーネギー、『名言集』、創元社、二〇〇〇年
スティーヴン・キング、『文章作法』、アーティストハウス、二〇〇一年
桑原晃弥、『スティーブ・ジョブズ全発言』、PHP研究所、二〇一一年
ゲーテ、『ゲーテ格言集』、新潮社、一九五二年
児玉光雄、『天才・イチロー 逆境を超える「言葉」』、イースト・プレス、二〇一二年
児玉光雄、『浅田真央 美しく舞う言葉』、イースト・プレス、二〇一二年
小山薫堂、『人を喜ばせるということ』、中央公論新社、二〇〇九年
小山薫堂、『幸せの仕事術』、NHK出版、二〇一二年
ジェームズ・C・コリンズ、『ビジョナリー・カンパニー2 飛躍の法則』、日経BP社、二〇〇一年
土屋賢二、森博嗣、『人間は考えるFになる』、講談社、二〇〇七年
アラン・ケン・トーマス（編）、『スティーブ・ジョブズ 自分を貫く言葉』、イースト・プレス、二〇一一年
中谷彰宏、小室哲哉、『プロデューサーは次を作る』、飛鳥新社、一九九八年
野家啓一、『物語の哲学』、岩波書店、二〇〇五年
久石譲、『感動をつくれますか?』、角川書店、二〇〇六年
ダニエル・ピンク、『ハイコンセプト』、三笠書房、二〇〇六年
デイヴィッド・ベイルズ、テッド・オーランド、『アーティストのためのハンドブック』、フィルムアート社、二〇一一年
保坂和志、『書きあぐねている人のための小説入門』、中央公論新社、二〇〇八年
デヴィッド・ボーム、『ダイアローグ』、英治出版、二〇〇七年
マイケル・ポランニー、『暗黙知の次元』、筑摩書房、二〇〇三年
J・L・ボルヘス、『詩という仕事について』、岩波書店、二〇一一年
松岡正剛、『フラジャイル』、筑摩書房、二〇〇五年
松下幸之助、『松下幸之助成功の金言365』、PHP研究所、二〇一〇年
宮崎駿、『出発点1979~1996』、徳間書店、一九九六年
宮崎駿、『折り返し点1997~2008』、岩波書店、二〇〇八年
宮崎駿、『風の帰る場所』、ロッキング・オン、二〇〇二年
ブルーノ・ムナーリ、『ムナーリのことば』、平凡社、二〇〇九年
村上春樹、『雑文集』、新潮社、二〇一一年
村上春樹、『夢を見るために毎朝僕は目覚めるのです』、文藝春秋、二〇一二年
山下洋輔、茂木健一郎、『脳と即興性』、PHP研究所、二〇一一年
養老孟司、久石譲、『耳で考える』、角川書店、二〇〇九年
リーチャード・S・ワーマン、『それは情報ではない。』、エムディエヌコーポレーション、二〇〇七年

［著者］

井庭 崇（Iba Takashi）
慶應義塾大学総合政策学部教授
1974年生まれ。慶應義塾大学環境情報学部卒業後、2003年同大学大学院政策・メディア研究科博士課程修了。博士（政策・メディア）。株式会社クリエイティブシフト代表取締役社長、および The Hillside Group 理事。著書に『複雑系入門』（共著、NTT出版、1998年）、『社会システム理論：不透明な社会を捉える知の技法』（編著、慶應義塾大学出版会、2011年）、『パターン・ランゲージ：創造的な未来をつくるための言語』（編著、慶應義塾大学出版会、2013年）、『旅のことば』（共編著、丸善出版、2015年）『プロジェクト・デザイン・パターン』（共著、翔泳社、2016年）等。2012年に、NHK Eテレ「スーパープレゼンテーション」で「アイデアの伝え方」の解説を担当。本書は、2013年度グッドデザイン賞受賞。

井庭研究室 プレゼンテーション・パターン プロジェクト
坂本 麻美、松村 佳奈、荒尾 林子、柳尾 庸介、濱田 正大、村松 大輝、松本 彩、原澤 香織、下向 依梨、中野 えみり、仁科 里志、野村 愛、安浦 沙絢、山口 祐加

パターン・ランゲージ・ブックス
プレゼンテーション・パターン
――創造を誘発する表現のヒント

2013年2月10日　初版第1刷発行
2018年5月30日　初版第4刷発行

著　者――――井庭　崇＋井庭研究室
発行者――――古屋　正博
発行所――――慶應義塾大学出版会株式会社
〒108-8346　東京都港区三田2-19-30
TEL〔編集部〕03-3451-0931
〔営業部〕03-3451-3584〈ご注文〉
〔　〃　〕03-3451-6926
FAX〔営業部〕03-3451-3122
振替　00190-8-155497
http://www.keio-up.co.jp/
装幀・本文デザイン協力――――阿部卓也
イラスト―――原澤香織・荒尾林子・井庭崇
印刷・製本――萩原印刷株式会社
カバー印刷――株式会社太平印刷社

Printed in Japan ISBN978-4-7664-1989-4